唐家湾历史文化丛书

《唐家湾历史文化丛书》编委会 编

# 清华首任校长唐国安

曹天忠 谢明杏 著

SPM

南方出版传媒

广东人民出版社

·广州·

图书在版编目（CIP）数据

清华首任校长唐国安 / 曹天忠，谢明杏著. —广州：广东人民出版社，2021.11

ISBN 978-7-218-15406-0

Ⅰ.①清… Ⅱ.①曹… ②谢… Ⅲ.①唐国安（1858-1913）—生平事迹 Ⅳ.①K825.46

中国版本图书馆CIP数据核字（2021）第235640号

QINGHUA SHOUREN XIAOZHANG TANG GUOAN

清华首任校长唐国安

曹天忠　谢明杏　著　　　　　　　　　　　　　版权所有　翻印必究

出 版 人：肖风华

责任编辑：梁　茵　陈泽航
封面设计：张绮华
责任技编：吴彦斌　周星奎

出版发行：广东人民出版社
地　　址：广州市海珠区新港西路204号2号楼（邮政编码：510300）
电　　话：（020）85716809（总编室）
传　　真：（020）85716872
网　　址：http://www.gdpph.com
印　　刷：广东鹏腾宇文化创新有限公司
排　　版：广州市友间文化传播有限公司
开　　本：787mm×1092mm　1/16
印　　张：12.5　字　数：200千
版　　次：2021年11月第1版
印　　次：2021年11月第1次印刷
定　　价：78.00元

## 作者简介

### 曹天忠

中山大学中国近现代史专业博士，中山大学历史系教授、博士生导师。主要致力于晚清民国文化史、中国近现代教育与社会变迁等领域的研究，获教育部、广东省哲学社会科学优秀成果二等奖，"宝钢"优秀教师奖。主要著作有《教育与社会改造》、《中国近现代史史料学》等。在《中国社会科学》（英文版）、《历史研究》、《近代史研究》、《"中研院"近代史研究所集刊》、《南国学术》等刊物发表50余篇论文。

### 谢明杏

中山大学历史学系中国近现代史方向硕士研究生，主要研究中国近现代教育与社会变迁，曾在《中山大学研究生学刊》《梅州侨乡月报》《梅州日报》等期刊报纸发表有关专业文章。

　　珠海唐家湾，原属香山县上恭常都。其灵秀也，山海相拥，陆岛相望，名人辈出，是我国首个以近代历史遗迹申报历史文化名镇获得成功的古镇，也是首个地处岭南滨海、经济特区的国家级历史文化名镇。唐家湾毗邻澳门，亦曾沐浴澳门之欧风西雨。明清时期，澳门为中外贸易及西风东渐的"独木桥"，唐家湾之金星门海面多有洋船寄泊；逮于近代，唐家湾人以地利之便，得风气之先，或就学，或从商于澳门，继而参与"师夷长技"及洋务运动，以家族血缘和地缘关系为纽带，积聚经济、社会、文化资本，逐渐在内地建立连接海洋与珠江、长江流域之主要商贸城市和港口的经济、社会和人文网络，为推动我国早期对外开放、经济社会发展作出了重要贡献。

近代以来，从唐家湾走出了中国近代民族工业先驱唐廷枢、中华民国首任内阁总理唐绍仪、清华学校首任校长唐国安、中国共产党早期领导人苏兆征、人民画家古元等一大批在我国政治、经济、军事、文化、教育、外交等领域做出重要贡献的精英人物。他们的爱国情怀和卓越贡献，在我国近代化进程中闪耀着永恒的光亮，在唐家湾巷陌里乃至珠海地区成为代代传颂的佳话，由此凝聚成具有鲜明的对外开放特色的中国人文地理标志。凭借独特的人文地理气质，唐家湾不仅曾作为民国时期中山模范县县府以及新中国成立初期珠海县的建县之地，更是我国改革开放、经济特区建设中的先行地区，而坐落于该镇的闻名遐迩的珠海高新区，更使之成为珠江口西岸首个传统文化与当代科创相融合的知识经济港。

粤港澳大湾区建设是习近平总书记亲自谋划、亲自部署、亲自推动的重大国家战略，是新时代推动形成全面对外开放新格局的

新举措，是推动"一国两制"事业发展的新实践。在全面贯彻实施《粤港澳大湾区发展规划纲要》的背景下，发挥澳门与珠海地域相近、文脉相亲的优势，挖掘和传播唐家湾的文化底蕴与开拓精神，探讨澳门与香山（珠海）的历史文化关系，是大湾区建设"以中华文化为主流，多元文化共存的交流合作基地"的重要任务和目标。因此，珠海高新区政府以扎根乡土的文化情怀和瞭望四海的深邃目光，提出了《唐家湾历史文化丛书》的编写和出版计划。此举对进一步推进唐家湾历史文化研究，深入发掘珠海、澳门的优秀文化基因，探讨当代珠海、澳门人文合作的可能性，彰显包括中山、珠海、澳门在内的香山文化在粤港澳大湾区建设中的作用，建设新时代的人文湾区具有重要的历史和现实意义。

　　《唐家湾历史文化丛书》由珠海市文化广电旅游体育局指导，珠海（国家）高新区管理委员会主持，珠海高新区社会保障和公共事业局、珠海高新区（唐家湾镇）文化中心、澳门科技大学唐廷枢研究中心、珠海市唐廷枢历史文化研究中心等单位合作，组织专业研究团队系统地搜集、整理史料，对唐家湾历史人物、重要事件、文化遗产等专题进行研究和传播，是一套兼具学术性和通俗性的系列历史文化著作。

　　按照计划，《唐家湾历史文化丛书》大致分为历史、人物、建筑人文、非遗文化等四个系列，计划用三年时间初步完成首批6种图书，以后视情况陆续出版。首批图书包括《中国共产党早期著名领袖苏兆征》《中国近代民族工业先驱唐廷枢》《清华首

任校长唐国安》《唐家湾古建筑艺术》《唐家湾文物保护利用笔记》《唐家湾碑刻集》等。以上图书在参考前人成果的基础上，由近代史专家及长期从事唐家湾历史文物保护的专业工作者分别撰写，系统介绍唐家湾历史文化遗产及近代著名人物的概貌与事迹，挖掘其深层文化价值，完整呈现唐家湾文化发展的历史谱系和价值体系。

习近平总书记在2019年1月2日致信祝贺中国社会科学院、中国历史研究院成立时指出："当代中国是历史中国的延续和发展。新时代坚持和发展中国特色社会主义，更加需要系统研究中国历史和文化，更加需要深刻把握人类发展历史规律，在对历史的深入思考中汲取智慧、走向未来。"身处伟大的时代，重视历史经验的总结和优秀文化的传承，才能走得稳，走得远。《唐家湾历史文化丛书》的编撰出版，是珠海、澳门文化界一次新的合作，我们期待社会各界对丛书提出宝贵意见，使之不断丰富和完善，共同为新时代人文湾区建设作出新的贡献。

林广志

2019年11月11日

目
Contents
录

# 内容提要

珠海唐家湾人唐国安乃清华首任校长。作为留美幼童，他返国后活跃于实业、宗教、外交等界，但主要作为和事功则在教育文化领域。将其言行置于清末民初历史脉络中考察不难发现，在思想上，他借鉴当时中外教育观点，形成有自己特点的德育、智育、体育彼此存在关联和有主辅之分的"三育"以及通才的教育理念，主张平衡中西文化；在行动上，身为首任校长，他创立清华制度、规章，筹款扩地，全面推行、落实"三育"及通才教育思想，为清华的日后发展作出了奠基性和开创性的重要贡献。

# 从唐家湾到美国

香山县是近代中国开风气之先的地方。中国的近代化在某种意义上也是从香山开始的。以唐氏家族为代表的香山人在近代经济、教育等方面的发展作出了突出贡献。得益于香山县的风气和唐氏家族对西学的开明态度，唐国安有幸成为留美幼童，前往美国留学。

## 第一节
# 幼年生活

### 一、香山县的风气

香山县具有独特的地理环境。唐国安出生于广东香山县鸡拍乡（今广东省珠海市唐家湾镇鸡山村）。唐家湾位于珠江口，是澳门到广州的必经之路，亦是多条国际航线途经之地。以海为生是香山人的谋生途径。香山县毗邻澳门，与香港隔海相望，从16世纪葡萄牙人强租澳门以来，就成为中外文化交流的重要枢纽。独特的地理位置和文化传统，使得香山县"具有鲜明的海洋文化的特质，养成珠海人勇于开拓，开放兼容，重贸经商，重教兴文的品格"[①]。

香山县受到通商和新式教育的影响。1834年，普鲁士传教士郭实猎（Karl F.A.Gützlaff）的夫人在澳门设立女塾，不久开设附塾，兼收男生。容闳父母有同乡在私塾任职，经常向其介绍私塾的教学情况。[②]当时，香山作为国际航线的重要节点，深受海外贸易的影响。科举虽然是正规的擢升

---

① 唐绍明：《清华校长唐国安：一位早期留美学生的报国之路》，北京：清华大学出版社，2016年，第8页。
② 容闳：《西学东渐记》，徐凤石、恽铁樵原译，张叔方补译，杨坚校译，韦圣英补校，钟叔河标点，钟叔河主编：《走向世界丛书》第1辑第1册，长沙：岳麓书社，1985年，第41页。

渠道，但并不是普通人唯一的生存之道。香山地区不少父母将孩子送到港澳读书，以期他们能掌握外语和某些技能，将来能在洋行工作，甚至能出人头地。容闳的父亲即是其中的代表。据容闳猜测，"惟是时中国为纯粹之旧世界，仕进显达，赖八股为敲门砖，予兄方在旧塾读书，而父母独命予入西塾，此则百思不得其故。意者通商而后，所谓洋务渐趋重要，吾父母欲先着人鞭，冀儿子能出人头地，得一翻译或洋务委员之优缺乎？"[1]

香山县是中国近代留学运动的发祥地。[2]出生于香山县南屏镇的容闳是近代中国最早的留学生之一。容闳率领120名幼童出洋，其中广东籍84人，香山籍40人，[3]仅唐家湾就有14人。这其中虽然有唐氏族人、实业家唐廷枢的助力，也可见唐家湾人对出洋及西方文明持开放包容的态度。

## 二、唐家的家风

唐国安1858年10月27日（咸丰八年九月二十一日）出生于香山县鸡拍乡，父亲唐陶福（1879年去世），母亲阿春（1885年去世）。父母以务农为生，家庭并不富裕。

据唐氏《族谱旧序》记载，鸡山乡唐氏始祖乃唐居俊。唐居俊的七世祖唐介是宋神宗时著名的谏臣，祖居湖北江陵，后世迁往粤北南雄。南宋时，唐居俊从南雄迁至香山釜涌境（后改唐家乡）。[4]

唐居俊生唐璟。唐璟有9个儿子，名兆一至兆九。现仅存兆七、兆八和兆九的族谱。兆七房又名子英房，后人中知名者有唐绍仪、唐宝锷、唐宝潮、唐国安、唐雄等。兆八房又名森轩房，后人中知名有唐廷枢、唐廷桂（又名唐廷植）、唐荣俊、唐荣浩、唐涤生等。兆九房又名豪杰房，后世知

①　容闳：《西学东渐记》，《走向世界丛书》第1辑第1册，第42页。
②　周棉：《香山地区早期留学运动对近代中国社会发展的影响》，《东南大学学报（哲学社会科学版）》，2010年第12卷第6期。
③　刘真主编：《留学教育：中国留学教育史料》第1册，台北："国立"编译馆，1980年，第34—47页。
④　唐绍明：《清华校长唐国安》，第4—5页。

名有唐元湛、唐翘卿、唐瑞芝、唐有恒等。唐氏五世祖子英长子广礼居鸡拍村，繁衍生息，家族日渐昌盛，成为村中大姓。鸡拍村唐姓子孙的字辈按村中隐翠唐公祠楹联"福禄贻谋远荣华晋爵隆　国淑以敬兆献瑞演千秋"排序。唐廷枢与唐国安是同宗隔房叔侄。[①]

唐氏家族不少人接受过西洋教育。1839年，为纪念马礼逊传教士，裨治文等人在澳门创办马礼逊学校，附于郭实猎夫人所办的女塾。香港被英国割占后，马礼逊学校迁到香港。容闳和唐氏的唐廷桂、唐廷枢、唐廷庚三兄弟均为马礼逊学校学生。容闳与唐廷桂是同班同学，与唐氏兄弟关系密切。[②]

唐廷桂、唐廷枢、唐廷庚三兄弟均入读西式学堂，可见唐家人对西式教育的态度。唐家家境并不好，父亲唐宝臣在马礼逊学校打工，意识到西学是除科举之外社会晋升的另一个途径。他通过为学院免费干活，换取三个儿子的读书机会。可见唐氏族人不乏开通之人。唐廷桂、唐廷枢、唐廷庚三兄弟所取得的成就，也影响了其他唐氏族人对西学、经商以及洋务的看法。容闳主持选拔的留美幼童中有14个是唐家湾人，其中唐族子弟有唐元湛、唐绍仪、唐国安、唐致尧、唐荣浩、唐荣俊6人。此足见唐氏家族对西学的接受程度和认识世界的眼光。

---

① 唐绍明：《清华校长唐国安》，第5页。
② 唐绍明：《唐国安是唐廷枢之子吗——有关珠海唐氏的三则史实》，珠海容闳与留美幼童研究会主编：《容闳与科教兴国·纪念容闳毕业于美国耶鲁大学一百五十周年论文集》，珠海：珠海出版社，2006年。

**第二节**

# 幼童出洋

### 一、留美幼童计划

容闳是留美幼童计划的原始发动者。[1]早在其求学耶鲁大学时，已有传播西方学术与教育的想法。"盖当第四学年中尚未毕业时，已预计将来应行之事，规画大略于胸中矣。予意以为，予之一身既受此文明之教育，则当使后予之人，亦享此同等之利益，以西方之学术，灌输于中国，使中国日趋于文明富强之境。予后来之事业，盖皆以此为标准，专心致志以为之。"[2]从1854年大学毕业开始酝酿，至1872年首批留美幼童出洋，容闳留美计划的实现经历了18年。

容闳（《寰球中国学生报》1912年第7卷第1期，全国报刊索引数据库）

留美幼童计划的实现离不开曾国藩、丁日昌等人的支持。容闳因曾寄圃结识李善兰，李善兰将其推荐给曾国藩。[3]1863年，容闳在安庆拜见曾国藩，并未向曾提出其教育计划。1865年，容闳结识时任上海道丁日昌，二人私交甚笃。1868年，丁日昌升任江苏巡抚，容闳遂向丁日昌介绍其教育计划。"丁大赞许，且甚注意此事，命予速具详细说帖，彼当

---

① 舒新城：《近代中国留学史》，上海：上海书店出版社，2011年，第1页。
② 容闳：《西学东渐记》，《走向世界丛书》第1辑第1册，第62页。
③ 容闳：《西学东渐记》，《走向世界丛书》第1辑第1册，第79页。

上之文相国（文祥——引者），请其代奏。"①容闳的条陈有四点，其中"第一、三、四，特假以为陪衬；眼光所注而望其必成者，自在第二条"②。特将第二条摘录如下：

> 政府宜选派颖秀青年，送之出洋留学，以为国家储蓄人材。派遣之法，初次可先定一百二十名学额以试行之。此百二十人中，又分为四批，按年递派，每年派送三十人。留学期限定为十五年。学生年龄，须以十二岁至十四岁为度。视第一、第二批学生出洋留学著有成效，则以后即永定为例，每年派出此数。派出时并须以汉文教习同往，庶幼年学生在美，仍可兼习汉文。至学生在外国膳宿入学等事，当另设留学生监督二人以管理之。此项留学经费，可于上海关税项下，提拨数成以充之。③

可惜，容闳的条陈上呈两个多月后，文祥丁忧，不久去世。容闳的教育计划被迫搁置。

1868至1870年间，容闳每与丁日昌见面，必向其提起幼童出洋事，请丁日昌向曾国藩言此事，以免日久淡忘。

1870年的天津教案是转机。容闳通过丁日昌向曾国藩重提教育事，并征得曾国藩和其他2位天津教案钦派大臣的同意。于是，4人联衔上奏，请派幼童出洋。

1871年8月18日，曾国藩和李鸿章联名上奏《拟选聪颖子弟前赴泰西各国肄习技艺以培人才》。9月3日，二人复上《奏选派幼童赴美肄业酌议章程折》，经总理各国事务衙门议奏后御批通过。1872年2月27日，曾国藩和李鸿章再上《奏遴派委员携带幼童出洋肄业兼陈应办事宜折》。三天后，即3月1日，军机大臣奉旨将上折交总理各国事务衙门议奏。1872年5月17

---

① 容闳：《西学东渐记》，《走向世界丛书》第1辑第1册，第121页。
② 容闳：《西学东渐记》，《走向世界丛书》第1辑第1册，第123页。
③ 容闳：《西学东渐记》，《走向世界丛书》第1辑第1册，第122页。

日，总理各国事务衙门对原折稍加修改后通过。经此，幼童留美计划始告成功。

### 二、入选第二批留美幼童

《奏遴派委员携带幼童出洋肄业兼陈应办事宜折》建议选任四品衔刑部候补主事陈兰彬为正委员，运同衔江苏候补同知容闳为副委员，前者负责幼童在美的中文学习，后者负责遴选幼童及幼童的西学课程。除正副委员外，另选派翻译和教习各一名，分别是五品衔监生曾恒忠（曾兰生）和光禄寺典簿附监生叶源濬。同时，在上海设沪局，由盐运使衔分发候补知府刘翰清负责，主要工作是招考幼童，对入选者施以出洋前的必要教育，组织幼童分批出洋。[①]

容闳负责遴选留美幼童，按计划共招收120人，分四批，每批30人，按年分送出洋。其时中国风气未开，父母多不愿送子弟远赴外洋留学。1871年夏，因第一批学生未招满，容闳遂亲赴香港，在港英政府设立的学校中遴选有中西文根底的学生。由于当时中国内地还没有报刊，信息传播渠道少，北方人多不知道有此教育计划，因此预备学校招考时大部分应考学生是广东人，而广东人中又有一半是香山人。[②]

《沪局挑选幼童章程》规定：

> 凡十二岁至十四岁者，择其文理略通即可入选；其十五岁至二十岁，必须中国文理顺通，及粗通洋文，略解翻译，方可入选。十五岁以上，仅读四书或习一经者，概不滥收，以示限制。……幼童选定入局，以六个月为限，课以中西各学，再行甄别出洋，鲁钝不堪者，仍发回原籍。[③]

---

① 曾国藩、李鸿章：《奏遴派委员携带幼童出洋肄业兼陈应办事宜折》（1872年2月27日），《洋务运动》（二），陈学恂、田正平编：《中国近代教育史资料汇编·留学教育》，上海：上海教育出版社，1991年，第90—91页。

② 容闳：《西学东渐记》，《走向世界丛书》第1辑第1册，第128页。

③ 《沪局挑选幼童章程》（1871），《北洋纪事》第12册，藏上海图书馆，王杰、宾睦新编：《陈兰彬集》，广州：广东人民出版，2018年，第48—49页。

唐国安入选时14岁，受过初步的中西文教育，粗通文理，有一定的文化基础。如果唐国安目不识丁，哪怕因唐廷枢的关系得以入选，也不可能在沪局学习一年就达到放洋要求，可见他有一定的中外文基础知识。

### 三、在沪局学习

1871年，沪局设在上海山东路外国公墓对面，能容纳100名学生。总办是刘翰清，副校长为吴子石，中文教员3名：容、陈、黄三君，英文教员3名：曾恒忠与其子曾溥（字子睦）、曾笃恭（字子安）。①

沪局根据学生中学的深浅，分班授课，主要任务是帮助幼童夯实中文底子；另外助其掌握基础英语，达到出洋要求。沪局对学生学习及作息有具体严格要求：

> 夏令时，五六点钟起，上生书一首；八点钟，用点心，写字一纸，请先生讲书；十二点钟，午饭；一点钟至三点钟，温理熟书，文义不明者质疑问难；四、五、六点钟，习学外国语言文字；九点钟，寝息。冬令时，七点钟起身，十点钟寝息。课中外书，时刻与夏季同。秋冬日，晚七点钟至九点钟，课中国书籍，或课古文一篇，讲先哲格言数则。②

夏令时学生每天学习9小时，其中中文6小时，西文3小时，秋冬日中文学习增加2个小时，以中文学习为主。

沪局的另一项重要任务是使幼童树立忠君爱国的思想，不被西方的文化制度所同化。"入馆之始，务将忠孝大节立身行己之道，勤加训诲，俾得心领神会，勉为端正人士。学成之后，庶几体用兼资，不至恃才妄作。"③

---

① Yung Shang Iim（容尚谦），"The Chinese Educational Mission and Its Influence"，*Tien Hsia Monthly*，Vol.9，No.3，Oct 1939，pp.225-255，译文载《真知学报》，第1卷第2期，第56—59页，陈学恂、田正平编：《中国近代教育史资料汇编·留学教育》，第122页。
② 《沪局肄业章程》（1871），《北洋纪事》第12册，王杰、宾睦新编：《陈兰彬集》，第49页。
③ 《沪局肄业章程》（1871），王杰、宾睦新编：《陈兰彬集》，第50页。

据温秉忠回忆，当时虽然课程不多，但是每科都要精念细读。总办刘翰清是一位"暴君"，力主体罚违规学生，而且执行严格。他强迫学生读写中文，用竹板打达不到要求的学生，"但多少年后，幼童们仍然怀念他"。[①]他的教诲使幼童们受用匪浅。

幼童在沪局学习，每6个月考查一次，至少学习一年，方可派赴美国留学。[②]唐国安1872年入选留美幼童，经过一年学习，就通过结业考核，1873年由中文教习容增祥带领出洋。[③]

## 第三节

# 留美生活

### 一、寄住美国家庭

住进美国家庭，唐国安很快受到美国家庭教育的熏陶。为了更好地学习英文，融入美国社会，幼童们被安排到不同的家庭。这些家庭对幼童负有监护和教育的责任。幼童们平均年龄不到15岁，住在美国家庭里，得到亲人般的照顾和教育，与监护人建立了深厚的情谊，深切感受到美国人的精神文化及道德教化。这也正是容闳的本意。"容不第适于西学，且皈依基督教，深信少年往美留学，非仅为学问而已，尤当以道德为先。故决意先令学生分宿于素识基督徒之家，从其家之女主人为师。使之一方面可习语言文字，

---

① 温秉忠：《一个留美幼童的回忆》，高宗鲁译注：《中国留美幼童书信集》，陈学恂、田正平编：《中国近代教育史资料汇编·留学教育》，第112页。

② 曾国藩、李鸿章：《奏遴派委员携带幼童出洋肄业兼陈应办事宜折》（1872年2月27日），《洋务运动》（二），陈学恂、田正平编：《中国近代教育史资料汇编·留学教育》，第91页。

③ 容尚谦：《创办出洋局及官学生历史》，王敏若译，珠海：珠海出版社，2006年，第8页。

一方面可因观摩而沐美国清洁家庭之感化。"①容闳的苦心没有白费，幼童们感受到欧美文明社会的崇高道德和高尚人格。唐国安被安排在康涅狄格州普兰斯维尔县（Plantsvile, Connecticut）的玛丽·推切（Mary Delight Twichell）尔小姐家寄宿，跟随玛丽·推切尔补习一年初中课程后，转到马萨诸塞州新汉普歇尔县诺桑顿镇（现称北汉普顿，Northampton, New Hampshire, Massachusetts）的马莎·艾丽·马修斯（Martha Ely Mathews）小姐家，入读诺桑顿高中。②唐国安在这两个美国家庭中，受到良好的教育和关爱。他认为，"彼游学美国时，最激发其善念者，厥惟高、德之二女士，不啻再造其身之母"。③

　　唐国安到美国不久就信仰了基督教。幼童们在美国除了接受知识，也受到美国政治和宗教的影响，不可能仅满足于文化知识、科学技术上的学习。美国的文明与祖国的落后形成鲜明对比，激发幼童们改造国家的爱国主义情感和责任感。当他们从"文明"的美国回到祖国，目睹国家的落后和腐败，民众的愚昧和麻木，不可能无动于衷。事实上，部分幼童在耳濡目染下信仰了基督教，但又慑于清政府禁令，不敢受洗入教。唐国安等25人组织兴华基督会，订立章程，明确立会宗旨。少年们自"黑暗之宗邦"，到"光明之美国"，"念及祖国亿万生灵，俱为恶魔所捆绑，日入永劫之中，以绝大之帝国，而为黑暗浓雾所包蔽"，"徒取西方之科学文艺，决不足以唤醒之"，"单恃我人之心思体力，亦不足以导引之"，"因思基督教之能力，能再造国家"，约定"他日身回故国，可以救世之福音，传诸邦人，导之入安乐之途"。④从这时起，唐国安就立下志愿，将来学成归国，要以道德的力量，尤其是基督教的力量，挽救国家。

　　回国后，唐国安一直试图从基督教中借鉴和汲取改造中国道德的力量

①　庐隐（谢洪赉）：《唐先生介臣事略》，《青年》，1914年第17卷第9期，第200页。
②　唐绍明：《清华校长唐国安》，第78页。
③　《青年会便利留学生之一斑》，《青年》，1910年第12卷第10期，第292页。
④　庐隐：《唐先生介臣事略》，第202页。

和方法。1904年，他在基督教中韩青年会发行的刊物《青年》第7卷第1期发表题为《中国基督教青年会与世界学生志愿者运动及世界基督教学生联盟的关系》（The Student of Volunteer Movement and the World's Student Christian Federation in their Relation to the Christian Young Men of China）的文章，论述基督教的道德本质，认为基督教的影响在于其强大的道德力量，而道德缺失是中国面临的最紧迫的问题之一，因此，必须激发道德的力量。他强调，只有民族和个人都有良好的道德，才能保障国家的稳定与美好。[1]源自宗教的道德教育成为唐国安教育思想中一个非常重要的部分。

## 二、学习科学文化知识

唐国安接受美国先进的教育，并取得了优秀的成绩。19世纪70、80年代，是美国南北战争后教育快速发展的时期，新英格兰是美国文化教育最发达的地区。中国赴美幼童被安排在最好的学校学习，如位于埃克塞特（Exeter）和安多弗（Andover）的菲利普斯学院（Phillips Academy）、东汉普顿（Easthampton）的威利斯顿（Williston）中学、诺维奇（Free Academy at Norwich）学院以及哈特福德（Hartford）、斯普林菲尔德（Springfield）、诺桑顿等地的高中。[2]在学习上，幼童们取得很好的成绩，一点也不逊色于美国同学。唐国安在诺桑顿高中学习时，因学业优秀，被选为学生代表在毕业典礼致告别词；[3]在耶鲁学习时，获拉丁作文"伯克利奖（Berkery Premium）"二等奖。[4]

---

[1] Tong Kai son, "The Student of Volunteer Movement and the World's Student Christian Federation in their Relation to the Christian Young Men of China", *China's Young Men*: *Chinese Edition*, Vol. 7, no.1 (1904). 转引自唐绍明：《清华校长唐国安》，第242—244页。

[2] Tong Kai son, "The First Educational Mission Abroad", *South China Daily Journal*, 30th May, 1907, 第6页西文。

[3] 《春田共和报》，1879年12月2日，转引自唐绍明：《清华校长唐国安》，第89页。

[4] 《春田共和报》，1881年6月27日，转引自唐绍明：《清华校长唐国安》，第115页。

幼童们在接受科学文化知识的同时，也受到美式教育方法的熏陶。在游历过外国的中国人李圭看来，美国的教育方法有其独到之处。"闻西国作人，主意不尚虚文，专务实效。是以课程简而严，教法详而挚……尤善在默识心通，不尚诵读，则食而不化之患除；宁静舒畅，不尚拘束，则郁而不通之病去"，"虽游览也，必就所见闻令作为文。是不徒游览，正用以励学，而审其智识也。"①他颇为赞赏美式教育中注重教学方法、重视理解、引导学生思考、不压抑学生的做法，对留学教育抱有很大的期望。

在美学习期间，幼童们切身体会到西方的民主政治及西方先进的科技文化。1876年，美国举行第23次总统大选。幼童们寄住美国家庭，必然对此有所了解，对美国的议会民主有一定的认识。

1877年，费城举办万国博览会。幼童们在教师刘其骏、翻译邝其照的带领下参观万国博览会，见识西方先进的科学文化。据李圭观察，幼童们在参观时仪态大方，"于千万人中言动自如，无畏怯态……幼小者与女师偕行，师指物与观，颇能对答"。②幼童们的作业也在博览会上展出，广受称赞。据李圭记载：

> 甘那的格省哈佛书馆，我国幼童课程窗稿亦在列。尝见其绘画、地图、算法、人物、花木，皆有规格。所著汉文策论，如《游美记》、《哈佛书馆记》、《庆贺百年大会序》、《美国地土论》、《风俗记》，亦尚通顺。每篇后附洋文数页，西人阅之，皆啧啧称赞。随行翻译云：此为洋文策论，即汉文之意，而用腊丁文处颇多，渠亦不甚解。惟言幼童在哈佛攻书二年，足抵其当日在香港学习五年。诚可见用心专而教法备焉。③

---

① 李圭：《环游地球新录》，钟叔河校点，钟叔河主编：《走向世界丛书》第1辑第6册，长沙：岳麓书社，1985年，第299页。
② 李圭：《环游地球新录》，《走向世界丛书》第1辑第6册，第298—299页。
③ 李圭：《环游地球新录》，《走向世界丛书》第1辑第6册，第212页。

由此可见，幼童们在美数年，对美国的语言、风俗、文化及科学知识已有一定掌握，且中文学习也未落下。幼童周寿臣回忆在新英格兰的学习生活时说："那里的岁月，对我是充满欢乐和鼓舞的回忆。在那里，我第一次有机会接触到西方的文化及文明，亲身目睹美国人民共同生活中的民主方式及无数其他有意义的活动。"[1]

### 三、参加体育活动

对于中国赴美幼童来说，留美生活中最快乐、印象最深刻的是参加体育活动。容闳鼓励幼童们积极参与体育活动，主动与美国人交往，形成自由之精神与活泼之思想。詹天佑、梁敦彦、黄开甲、吴仲贤、邝泳钟、钟俊成、李桂攀、蔡绍基、陈钜镛9人组成 "中华棒球队"，经常与美国同学进行比赛。[2]这支棒球队在旧金山候船时，曾与奥克兰棒球队一战，大获全胜。[3]50年后，他们的美国同学还能想起他们在运动场上的英姿：钟文耀是耶鲁大学帆船队的舵手，曾两次带领耶鲁帆船队击败对手哈佛帆船队；邓士聪踢足球速度很快；康赓龄力量很大；曹家爵很喜欢棒球……[4]

中国传统教育重文轻武，学习是为了做官的，体育活动不被重视，学生好动的天性受到严重约束。因此，幼童们在美国一接触到体育，就释放天性，爱上丰富多彩的体育项目。运动使他们学会竞争、团结合作，使他们变得机警、灵敏，帮助他们养成良好的举止、男子汉气概和健壮的体格。在运动上，他们感受到前所未有的自由和快乐，以至于多年后回想在美国的生活，运动场上的快乐时光是那么印象深刻。

① 钟叔河：《1872—81年间的留美幼童》，钟叔河主编：《走向世界丛书》第1辑第1册，长沙：岳麓书社，1985年，第209页。
② 陈汉才：《容闳的留学教育推动了中国近代化进程》，吴文莱主编：《容闳与留美幼童研究·容闳与中国近代化》，珠海：珠海出版社，2006年，第167页。
③ 温秉忠：《一个留美幼童的回忆》，高宗鲁译，原载台湾《传记文学》第37卷第3期，祁兆熙：《游美洲日记》附录，钟叔河主编：《走向世界丛书》第1辑第1册，长沙：岳麓书社，1985年，第273页。
④ Willian Lyon Phelps, *Autobiography with Letters*, New York: Oxford University Press, 1939, p. 84.

唐国安当时已深陷于体育活动的魅力，感受到体育对塑造身心的重要性。回国后，他热衷于推广体育运动，造就身心健康的国民。1905年，唐国安任《南方报》英文版主编后，多次发表文章宣传体育的重要性，报道体育赛事，将体育运动视为新生活方式[1]，将参与体育运动视为现代精神的体现[2]。除了文字宣传，他还积极参与基督教青年会等机构举办的运动会，曾任上海基督教青年会第二届[3]、第四届运动会[4]的裁判以及复旦公学运动会的裁判[5]。

## 四、坚持学习中文

中国赴美幼童须保持中文学习，坚守中国纲常。曾国藩、李鸿章在《奏选派幼童赴美肄业酌议章程折》中强调中文学习的重要性。"闻前此闽粤宁波子弟亦时有赴洋学习者，但止图识粗浅洋文洋语，以便与洋人交易，为衣食计……至带赴外国，悉归委员管束，分门别类，务求学术精到，又有翻译教习，随时课以中国文义，俾识立身大节，可冀成有用之材。"[6]可见，留学计划一开始就注意到官派留学和私人留学的不同，坚持中文学习。《奏遴派委员携带幼童出洋肄业兼陈应办事宜折》规定：幼童出洋后，"肄习西学仍兼讲中学，课以孝经、小学、五经及国朝律例等书，随资高下，循序渐进。每遇房、虚、昴、星等日，正副二委员传集各童宣讲圣谕广训，示以尊君亲上之义，庶不至囿于异学。"[7]幼童学习的内容不仅限于中文及四书五

---

① Tong Kai son, "Evidence of the New Life in China", *South China Daily Journal*, 2nd December, 1905，第5页西文。

② "The Chinese Y. M. C. A. Sports", *South China Daily Journal*, 11th June, 1906，第4页新闻。

③ "The Chinese Y. M. C. A. Sports", *South China Daily Journal*, 28th November, 1905，第5页西文。

④ "The Chinese Y. M. C. A. Sports", *South China Daily Journal*, 3rd December, 1906，第4页西文。

⑤ "The Fu-Tan College Sports", *South China Daily Journal*, 10th December, 1906，第4页西文。

⑥ 曾国藩、李鸿章：《奏选派幼童赴美肄业酌议章程折》（1871年9月3日），《筹办夷务始末》，同治朝，卷82，陈学恂、田正平编：《中国近代教育史资料汇编·留学教育》，第88页。

⑦ 曾国藩、李鸿章：《奏遴派委员携带幼童出洋肄业兼陈应办事宜折》（1872年2月27日），陈学恂、田正平编：《中国近代教育史资料汇编·留学教育》，第91页。

经，还包括中国传统的律令纲常。

出洋肄业局（the Educational Mission Abroad）位于哈特福德，设有中文教习二人。由于幼童分住各处，所以不能经常到局学习。据李圭记载："幼童以三个月一次来局习华文。每次十二人，十四日为满。逾期，则此十二人复归，再换十二人来。以次轮流，周而复始。每日卯时起身，亥正就寝。"①中学课程由浅入深，"先课以孝经、小学。至经史及国朝典例各书，当随资质高下，循序渐进。课文以作论为主，凡制义、诗赋从缓"。②顾敦鍱在哈特福德找到的材料显示，出洋肄业局为鼓励幼童学习中文，有加给奖赏的办法，奖励内容包括作文及习字，作文又分作论和作解，高级生作论，低级生作解。唐国安曾因作论优秀受到奖励。③

为教授中国学问，留美肄业局设有专门的书室，配有必备的汉文书籍。"书满六架，凡学堂书尽备。诸生能由此参考，一生用不尽也。并有《汉书》几种及唐诗、官板《三国志》、《胡文忠公集》。"④书室对面，还有两间读书室。肄业局提供充足的师资和书籍。只要幼童愿意学习，中文功底当不会太差。唐国安本人在接受西方教育的同时，并未放弃中文学习，因为他认为这是一项明智且必要的举措，可以防止幼童忘记母语。⑤

幼童们虽不反对学习中文，但并不完全认同中国的伦理纲常。清廷规定幼童在美期间，要定时聆听圣谕广训，敬拜至圣先师孔子，学习中国律令。每年八月还会颁发时宪书，"恭逢三大节以及朔望等日，由驻洋之员率同

① 李圭：《环游地球新录》，《走向世界丛书》第1辑第6册，第263—264页。
② 《幼童在外国肄业章程》（1871），《北洋纪事》第12册，王杰、宾睦新编：《陈兰彬集》，第50页。
③ 顾敦鍱：《百年留美教育的回顾与前瞻》，《中国近代史论丛》第2辑第6册，第161—164页，陈学恂、田正平编：《中国近代教育史资料汇编·留学教育》，第125—128页。
④ 祁兆熙：《游美洲日记》，任光亮整理标点，钟叔河主编：《走向世界丛书》第1辑第1册，岳麓书社，1985年，第236页。
⑤ Tong Kai son, "The First Educational Mission Abroad", *South China Daily Journal*, 28th May, 1907, 第6页西文。

在事各员以及诸幼童，望阙行礼，俾娴仪节而昭诚敬"。①清廷的初衷是好的，希望幼童在学习西方科技的同时，"兼读中国书，而不参溷"，希望幼童学成回国后"体用兼备"，成为国家栋梁。②但对于见识过西方文明的幼童来说，他们并不完全认可这些做法。

## 第四节

# 幼童归国

### 一、出洋肄业局的裁撤

出洋肄业局的裁撤有许多因素，前人已有不少研究。首先提出裁撤肄业局的是时任监督吴子登。容闳、留美幼童及陈兰彬等各方记载均显示，留美肄业局的裁撤源于吴子登的报告，而且吴子登在其中起了重要作用。笔者此处主要关注容闳、陈兰彬及李鸿章三人的态度。

1876年秋，吴子登任出洋肄业局第四任监督。从1879年起，吴子登多次陈请裁撤肄业局。据容闳记载，"吴既任事，对于从前已定之成规，处处吹毛求疵，苛求其短。顾有所不满意，又不明以告予，惟日通消息于北京，造为种种谣言"。③在容闳眼中，吴子登是顽固不化的旧学派，是陈兰彬派来阻碍留学事业的傀儡。实际上，容闳与吴子登相识20余年。吴子登是容闳推荐，陈兰彬奏调的。④吴子登任总办与容闳关系匪浅，绝非陈兰彬派来的傀

---

① 曾国藩、李鸿章：《奏遣派委员携带幼童出洋肄业兼陈应办事宜折》（1872年2月27日），陈学恂、田正平编：《中国近代教育史资料汇编·留学教育》，第91页。
② 李圭：《环游地球新录》，《走向世界丛书》第1辑第6册，第264页。
③ 容闳：《西学东渐记》，《走向世界丛书》第1辑第1册，第138页。
④ 译署：《论出洋肄业学生分别撤留》（1881年3月29日），《李文忠公全书》，《译署函稿》卷12，陈学恂、田正平编：《中国近代教育史资料汇编·留学教育》，第148—149页。

僵。陈兰彬认为，容闳处理不好与吴子登的关系，"虽子登系纯甫所推荐，交谊比别人较好，而总觉收拾不来"。[1]

容闳坚决反对撤回出洋学生。清廷讨论是否裁撤出洋肄业局的消息传到美国后，容闳通过在美国的人脉关系，从外部向国内施加影响。容闳的挚友杜吉尔牧师及蓝恩（Lanc）提议请耶鲁大学校长朴德（Noah Porter）亲笔，并联络多名大教育家及大学校长，联名上书总理各国事务衙门，反对撤回留学生。他们高度评价留美学生，称之学业优秀，"文学、品行、技术，以及平日与美人往来一切之交际，亦咸能令人满意无间言"，道德高尚，礼貌谦恭，且热爱祖国；认为"诸生年虽幼稚，然已能知彼等在美国之一举一动，皆与祖国国家之名誉极有关系，故能谨言慎行，过于成人"；希望中国政府能重新考虑，认真调查，不使学生受极大之损失，不使国家蒙受教育不良之恶名，进而影响美国的声誉。[2]

容闳还写信请杜吉尔牧师面见美国前总统格兰特（Ulysses Simpson Grant）将军，请后者出面挽救肄业局。杜吉尔牧师通过好友马克·吐温（Mark Twain）拜访格兰特将军，并成功请格兰特将军通过美国驻京公使安吉立致函李鸿章，表示中国学生颇有长进，半途中辍十分可惜，且有损美国颜面，希望清政府慎重处理。由于格兰特将军的介入，肄业局得以暂时维持。[3]

陈兰彬支持裁撤肄业局，但不想担责。陈兰彬自1874年已不管出洋肄业局事务，但作为肄业局的早期负责人，且为驻美公使，对肄业局事务负有一定责任。事实上，陈兰彬对容闳及幼童的部分行为颇有微词，不喜幼童改换西服，参与游戏，更不许幼童接受西方的新思想。尤其是他看到幼童不重

①　陈兰彬：《节录所致李傅相函稿》（1880年12月16日），王杰、宾睦新编：《陈兰彬集》，第244页。

②　容闳：《西学东渐记》，《走向世界丛书》第1辑第1册，第142—144页。

③　Thomas Lafargue, *China's First Hundred*, 高宗鲁译著：《中国留美幼童史——现代化的初探》，陈学恂、田正平编：《中国近代教育史资料汇编·留学教育》，第145页。译著：《论出洋肄业学生分别撤留》（1881年3月29日），陈学恂、田正平编：《中国近代教育史资料汇编·留学教育》，第149页。

视中学，不懂中国律令，更加不满。1879年陈兰彬到肄业局暂住，"见存局之经史人谱等书，皆束高阁。幼童之来谒者，多系第一批认识诸人，余外寥寥。每询调考巡课各旧章，似不复举办，含糊答应，已知其诸务废弛，久将不可救药"。①尽管不满肄业局的事务，陈兰彬也只是"讽海峰（第二任出洋肄业局监督区谔良）回华，而拟将局务全交元甫经理"，但是当时容增祥刚好丁忧，"在美者惟知意气相争，置大局于不顾。各童年长习深，心无严惮，遂益驰纵而不可究诘"。②在给李鸿章的函稿中，陈兰彬表达了对肄业局的不满，将其归咎于吴子登和容闳的"意气相争，置大局于不顾"及幼童们"年长习深，心无严惮"。吴子登是容闳推荐的，而后者无法约束前者。陈兰彬既表明了自己的态度，又将自己从此事中抉摘出来。李鸿章则认为陈兰彬与容闳"抵牾已久，且其素性拘谨畏事，恐管理幼童与莼甫交涉更多，或被掣肘，故坚持全裁之议"，但陈兰彬与容闳都是带领幼童出洋的人，均不能置身事外。③

陈兰彬的态度反映了时人对于西学的看法。陈兰彬认为，裁撤肄业局并非半途而废，而是因时制宜，"外洋书院虽由小而中而大，其实皆按年递进，俟读书期满，然后随其资性所近，专习天文、律算等学，至于制造技艺，尤须身居厂肆，始克有成，并非在院诵读多年，遂无所不晓"。④由于政府只想幼童学习西方的语言和技艺，所以，如果他们语言已经纯熟，技艺不一定要在外国学习。国内也有机器制造局，可供幼童学习和实践，因此，撤回幼童也无不可。陈兰彬建议，应妥善安置回国幼童，"择其上者派充翻译、通事，次者令在津沪各局专学一艺。中国现设各局，均延有洋师，可以资其肄习，即或不甘自囿，亦应如遣往欧洲各生，欲学何艺，径投何

---

① 陈兰彬：《节录所致李傅相函稿》（1880年12月16日），《陈兰彬集》，第244页。

② 陈兰彬：《节录所致李傅相函稿》（1880年12月16日），《陈兰彬集》，第244页。

③ 译署：《论出洋肄业学生分别撤留》（1881年3月29日），陈学恂、田正平编：《中国近代教育史资料汇编·留学教育》，第149页。

④ 陈兰彬：《节录所致李傅相函稿》（1881年3月5日），《陈兰彬集》，第245页。

厂"。<sup>①</sup>由此可见，当时士大夫对于西方教育体制及西方科技的认识还很浅显，对留学生的定位也不高，只把他们看做翻译人才和技术人员。

李鸿章并不支持全撤肄业局，主张分数年裁撤。自1879年吴子登叠函陈请裁撤后，李鸿章多次函告陈兰彬、吴子登和容闳会商应留应撤或半留半撤之法。他认为，幼童多半是粤人，早年出洋，沾染洋习在所难免，且认为吴子登"绳之过严，致滋龃龉"。李鸿章正在踌躇时，接到美国前总统格兰特及驻京公使安吉立的来信，称学生颇有长进，半途撤回十分可惜，也有损美国颜面。李鸿章还说，幼童出洋10年来用费已数十万，一旦付之东流，亦非政体所宜，故主张"将已入大书院者留美卒业，其余或选聪颖端悫可成材者酌留若干，此外逐渐撤回"。此"半撤之法，既不尽弃前功虚糜帑项，亦可出之以渐，免贻口实"。<sup>②</sup>

1881年6月8日，总理各国事务衙门奏请将出洋学生一律调回。据此折，1880年出洋肄业局前总办区谔良通过刘坤一条陈肄业局利弊，总理各国事务衙门致函陈兰彬查明情况。陈兰彬认为肄业局利少弊多。总理各国事务衙门又与李鸿章多次函商，后者有半撤半留之议。陈兰彬奏称"各学生腹少儒书，德性未坚，尚未究彼技能，先已沾其恶习，即使竭力整顿，亦觉防范难周，亟应将该局裁撤"。1881年5月，李鸿章调出洋学生20名赴沪听候分派，是不撤而撤之意。总理各国事务衙门认为"与其逐渐撤还，莫若概行停止，较为直截"。<sup>③</sup>

此折只提到陈兰彬与李鸿章的态度，可见在实际决策中，陈兰彬与李鸿章的意见起到了相当影响，而容闳则被排除在外。实际上，容闳并未参与李鸿章与陈兰彬、吴子登的讨论。1880年12月，陈兰彬奉旨查明肄业局情况，

① 陈兰彬：《节录所致李傅相函稿》（1881年3月5日），《陈兰彬集》，第245页。
② 译署：《论出洋肄业学生分别撤留》（1881年3月29日），陈学恂、田正平编：《中国近代教育史资料汇编·留学教育》，第149页。
③ 总理各国事务衙门奕䜣等：《奏请将出洋学生一律调回折》（1881年6月8日），《洋务运动》（二），陈学恂、田正平编：《中国近代教育史资料汇编·留学教育》，第150—151页。

李鸿章"当几立断，并嘱密与筹商，不必谋之纯甫"。①陈兰彬只与吴子登有咨函往来。1881年3月底，李鸿章致函总理各国事务衙门，主张分别撤留，表明"此事并未与纯甫妥商，纯甫亦无另报，鸿章实系无从捉摸"，并函告陈兰彬、容闳、吴子登，"劝令销融意见，尽心公务，以收实效"。②此后不到3个月，总理各国事务衙门即奏请将出洋学生一律调回。这3个月并未见陈兰彬与容闳的函件往来。容闳是否与李鸿章有直接函电联系，笔者并未查证，但函电往来需要时间，讨论也需时间，容闳身在外国，3个月实难以改变大局。

## 二、幼童回国

1872至1875年，清廷共选派120名幼童赴美留学，因各种原因撤回及在洋病故者26人，其余94人于1881年分三批回国。

1881年5月16日，由于天津和上海新设电报，需要相关技术人员，李鸿章通过陈兰彬致函容闳和吴子登，令其挑选20名颖悟纯净、未读大学的学生"速赴各处电报馆游历，讲求电学"，"两月后文书到美，即令伊等回华供差"。③1881年8月8日，出洋肄业局容思济教习带领21名电报生回国，为首批回国学生。④

1881年8月22日，肄业局随员容闳送第二批幼童回国。据《钦定总理各国事务衙门清档》所录名单，此次共48名学生回华。⑤前两批回国者合计69

---

① 陈兰彬：《节录所致李傅相函稿》（1880年12月16日），《陈兰彬集》，第244页。
② 译署：《论出洋肄业学生分别撤留》（1881年3月29日），陈学恂、田正平编：《中国近代教育史资料汇编·留学教育》，第150页。
③ 李鸿章：《寄陈使》（1881年5月16日），顾廷龙、叶亚廉主编：《李鸿章全集》（一），电稿一，上海：上海人民出版社，1985年，第7页，陈学恂、田正平编：《中国近代教育史资料汇编·留学教育》，第150页。
④ 陈兰彬：《咨报肄业局各员携回幼童等事》（1881年8月24日），《陈兰彬集》，第270页。
⑤ 《又录七月二十八日容随员伴送回华官生四十八人名单》（1881），《钦定总理各国事务衙门清档》，第255册，北京大学图书馆藏，王杰、宾睦新编：《陈兰彬集》，第272页。

人。但据吴子登于9月27日抄函，第一、二批共有70名学生回沪。[①]

1881年9月26日，吴子登与教习沈金午率领剩余的24名学生回国。[②]

1881年11月10日，唐国安等第三批幼童抵达上海，由江海关刘道台照料，候补县丞刘卿采伴送天津。[③]

# 小　结

香山县开放包容的氛围和唐家开明的家风，是唐国安参选留美幼童的前提条件。族叔唐廷枢的支持以及他与容闳的关系，使唐国安入选留美幼童成为可能。经过在沪局的短暂学习，唐国安作为第二批留美幼童被派送出洋。在美留学时期，他寄住美国家庭，受到基督教文化的感化，感受到西方人品质中良好的部分，这对其早期思想及以后的人生轨迹产生了深远的影响。他在美国接受了系统的中学教育和一年的大学教育，对西方近代教育有深刻的了解。这是他教育思想的来源之一。与容闳等初代求学美国的中国人不同的是，唐国安等留美幼童没有放弃对中文的学习，更没有忘记中国的伦理纲常。在他们身上，可以看到近代中国的变与不变。遗憾的是，由于清政府终止留学计划，大部分幼童辍学回国。如果他们能够完成学业，可能会成为更优秀的人，对国家做出更大的贡献。他们回国后，虽然受到冷遇，学非所用，但是并不气馁，尽己所能在各自的岗位上为国家服务，成为推动国家发展的力量。

---

① 陈兰彬：《咨报肄业局总办吴嘉善来咨》（1881年10月8日），王杰、宾睦新编：《陈兰彬集》，第292页。
② 陈兰彬：《咨报肄业局总办吴嘉善来咨》（1881年10月8日），《陈兰彬集》，第292页。
③ 唐绍明：《清华校长唐国安》，第137页。

【 第 二 章 】

# 投身实业

唐国安回国后，被分配到天津总督医学馆学习医学。这不是他的兴趣和志向所在。几经波折，他离开医学馆，投身洋行，从事实业。经唐廷枢提携，唐国安任职开平矿务局，先后在矿局和路局工作17年。

## 第一节

# 从官学生到洋行职员

### 一、离开天津直隶总督医学堂

中国留美幼童回国后，被分配到各洋务机构任职。头批学生21名均送往"电局学传电报"，第二、第三批学生中有23名送船政局、上海机器局留用，其余50名经李鸿章札饬津海关道周馥会同机器局、电报局等考验，分拨天津水师、机器、鱼雷、水雷、电报、医馆等处学习当差。[①]

据学者考证，包括唐国安在内，共有8名幼童被分配到天津直隶总督医学馆学习医学，其中第二批回国者2人，第三批回国者6人。[②]8人中坚持到毕业的，有林联辉、金大廷、何廷梁、李汝淦、曹茂祥和周传谔6人。[③]

1883年3月，唐国安母亲病重，请假3个月回家探母。假期结束，唐国安"因亲老多病，不令远离"，并未回院习医，"迫于家累，不得已在宁波、

---

① 李鸿章：《奏请从优给奖美国回华学生及天津招募学习水师、鱼雷、水电、电报、医学生折》（1885年4月17日），《洋务运动（二）》，陈学恂、田正平编：《中国近代教育史资料汇编·留学教育》，第161—162页。

② 《光绪七年十月二十五日署津海关道周馥等详复北洋大臣李》（1881年12月16日），《光绪七年十月初一日署津海关道周馥等详复北洋大臣李》（1881年11月22日），《北洋纪事》第12册，转引自姜鸣：《秋风宝剑孤臣泪：晚晴的政局和人物续编》，北京：生活·读书·新知三联书店，2015年，第268页。

③ 姜鸣：《秋风宝剑孤臣泪》，第276页。

镇江等处就近枝栖"。①

1883年至1885年7月，唐国安先后在宁波、镇江美国领事馆任通译。

## 二、借调旗昌洋行

1885年，津海关道周馥曾致函宁波道台，要求宁波美领事馆将唐国安"就近催提回津"。领事馆答称，唐国安充当翻译是"奉本国华盛顿相臣之命"，他们无权遣回；若要调回，须先禀明上级批准。②

周馥将此情况禀明李鸿章。李鸿章指示总理各国事务衙门给"大美理驾合众国钦命署理全权事务大臣石"发出照会，"石"即美国驻华使馆代办石米德（Enoch J. Smithers）。内称：

> 查唐国安系官学生，由国家动用公款培植而成，原在天津当差，非若各方士民准各国延请者可比，今在美领事处充当翻译，殊与奏定章程不符。相应照会贵署大臣，转饬宁波美领事官，即将官学生唐国安遣回，勿再固留可也。③

9月，由于总理各国事务衙门的压力，唐国安离开宁波美领事馆，受聘于上海旗昌洋行任翻译。11月，他被旗昌洋行派往天津办理军火交易。④

由于周馥、总理衙门要求将唐国安"催提回津"，"差送到案"，加之唐国安到天津办理军火交易必须与政府打交道，故此，他必须妥善处理

---

① 《光绪十一年十二月十二日署津海关道周馥禀》（1886年1月16日），《北洋纪事》第11册，转引自姜鸣：《秋风宝剑孤臣泪》，第269页。

② 《请将官学生唐国安遣回勿令充翻译》（1885年6月5日），广西师范大学出版社编：《中美往来照会集（1846—1931）》第6册，桂林：广西师范大学出版社，2006年，第389页。

③ 《请将官学生唐国安遣回勿令充翻译》（1885年6月5日），《中美往来照会集（1846—1931）》第6册，第389页。

④ 《光绪十一年二月十二日署津海关道周馥禀》（1886年1月16日），转引自姜鸣：《秋风宝剑孤臣泪》，第269—270页。

身份问题，为以后的发展解决后顾之忧，同时避免连累出洋留学的保人唐廷枢。

因此，唐国安请美国驻津副领事毕格德（William N. Pethick）向李鸿章说项。毕格德与李鸿章私交甚笃，以旗昌洋行办理对华军火事宜急需翻译为由，请求借用唐国安应急。唐国安愿捐银2000两贴补医馆续招学生经费，先交行平化宝银1000两，剩下1000两次年12月缴清，由毕格德担保，并出具英文保结书。

经过毕格德斡旋，李鸿章作出批示：

> 学生唐国安，出洋肄业九年，曾费公款，刻值用人之际，按照奏定章程，本难听其自谋别业，姑念旗昌洋行在华承办军火事宜，需人翻译，暂借该生应用，俟旗昌原订期满，仍饬恪遵中国差遣，以付定章，不得违误。所请报效津贴医馆经费银二千两，故准赏收，仰将缴还到银一千两解交支应局，专备医馆施药之用。明年十二月续缴银一千两，仍由该道届时收取解局具报。此外肄业各生，概不准托辞请假，援以为例。[①]

以借调旗昌洋行为由，唐国安脱离天津直隶总督医学馆，实际上是放弃留美幼童的官身，放弃在官场的正常升迁渠道，而成为一名洋行工作人员。因此，在1885年李鸿章奏请从优给奖美国回华学生时，名单中并无唐国安的名字。1906年清廷举行的留学生考试，唐国安也无法参加，而此时同为留美幼童出身的唐绍仪和詹天佑已成为留学生考试的主副考官。

### 三、任职怡和洋行

唐国安在旗昌洋行仅工作数月，于1886年2月转至与唐氏家族关系密切的怡和洋行工作。

---

① 《北洋大臣李批》，《北洋纪事》第11册，转引自姜鸣：《秋风宝剑孤臣泪》，第270—271页。

以唐廷枢为首，唐氏家族"为中国早期的买办阶级，输送了大批的骨干力量"，"单是怡和洋行一家，从唐廷枢经唐廷植、唐杰臣到唐纪常四任买办为时达半个世纪以上"。[①]1861年，唐廷枢开始和怡和洋行接触，代理该行长江一带生意。1863年9月，唐廷枢正式担任怡和洋行买办。1873年，唐廷枢离开怡和洋行担任轮船招商局总办，哥哥唐廷桂接任怡和洋行买办。1897年，唐廷桂去世，嗣子唐杰臣接任怡和洋行买办。1904年，唐杰臣去世，其子唐纪常接任怡和洋行买办。[②]

唐国安任职怡和洋行时，唐廷枢和唐廷桂已先后担任怡和洋行买办长达23年，且拥有不少怡和洋行的股份，与怡和洋行有大量生意往来[③]，安排族内子弟在洋行任职不过是举手之劳。

1886年9月18日，唐国安与香港富商关荣发（Yung-Fa Guan）之女关月桂（Roselina）在香港完婚，婚后无子女，收亲侄唐宝森（字贻果）为继子。[④]

## 第二节

# 任职路矿局

1890年至1907年的18年间，唐国安先后任职于开平矿务局、京奉铁路、粤汉铁路及沪宁铁路，重新步入官场。

① 汪敬虞：《唐廷枢研究》，北京：中国社会科学出版社，1983年，第4页。
② 汪敬虞：《唐廷枢研究》，第154—160页。
③ 详见汪敬虞：《唐廷枢研究》，第3—7页。
④ 唐绍明：《清华校长唐国安》，第146页，第370页。

### 一、开平矿务局英文秘书兼总办助理

1873年，经盛宣怀介绍，唐廷枢离开怡和洋行，被李鸿章任命为轮船招商局总办，参与洋务运动。

1876年，李鸿章派唐廷枢前往开平"查看煤铁矿情形"，唐廷枢"逐日将煤井铁石细看，似有把握"。唐廷枢认为开平煤很有开采前景，建议在开平至涧河口修筑一条运煤铁路，降低运煤成本。①

1877年，经李鸿章奏请、朝廷批准，唐廷枢任开平矿务局总办，主持开平煤矿。经过数年经营，开平煤矿成为国内为数不多有所盈利的大型煤矿。

1890年，正值开平矿务局发展蒸蒸日上之时，唐廷枢把唐国安招致开平矿务局任英文秘书及总办助理。唐廷枢此举，一是看到自家族侄数年蹉跎于洋行，想提携族内后辈；二是自己身体不好，需要有能力且信得过的助手分担工作。几乎同一时间，陈霭庭被开平铁路总公司的伍廷芳调到开平矿务局，任驻场经理。陈霭庭固然代表伍廷芳，同时也是协助唐廷枢。唐廷枢和伍廷芳代表开平矿务局的广东势力，陈霭庭被视为"信得过的帮手"。唐廷枢去世后，陈霭庭成为广东势力在开平矿务局的代表。②

1892年10月，唐廷枢去世，张翼出任开平矿务局及中国铁路总公司助理督办，陈霭庭为开平矿务局执行督办。在陈霭庭的坚持下，唐国安仍任原职。③

在开平矿务局，唐国安参与了多项重要工程。1890年，开平煤矿筹办中国第一座水泥厂——细棉土厂，唐国安参与机器订购和集资的全过程。1891年，开平路矿的广东工人与外国雇员发生激烈冲突，唐国安参与调停。唐胥铁路东延至古冶、林西的施工过程以及1896年增开西山煤矿等大事，唐国安

---

① 汪敬虞：《唐廷枢研究》，第189—190页。
② 唐绍明：《清华校长唐国安》，第155—156页。
③ 见1905年唐国安致盛宣怀的求职信，转引自唐绍明：《清华校长唐国安》，书前图片。

也参与其中。①

唐国安他还参与筹建了一批煤栈码头，主要负责码头筹建过程中与洋人的交涉，包括塘沽煤栈码头（1891年）、广州煤栈码头（1891年）、牛庄煤栈码头（1892年）、上海黄浦码头（1894年）、天津河西煤栈码头（1898年）、烟台泰来路煤栈码头（1898年）、香港荔枝阁煤码头（1898年）、秦皇岛煤栈码头（1898年）等。此外，他参与购置6艘运煤货轮的谈判、筹款、筹建等工作。②

## 二、京奉铁路驻营口处"总理"

1898年，陈霭庭离开开平矿务局，任淞沪铁路督办。唐国安也离开唐山煤矿局，任京奉铁路牛庄站"总理"，总理榆营线铁路及海关等一切事宜。③

好景不长，义和团运动爆发，牛庄受到影响。加之唐国安是基督徒，正是义和团的冲击对象。为躲避义和团，唐国安离开牛庄，南下香港避难。香港此时由英国人统治，不受义和团运动的影响，又是唐国安岳父关荣发的地盘，且香港距离香山很近，香山人在香港势力很大，是不错的暂居地。

在家族和岳父关荣发的帮助下，唐国安在香港经商，经营房地产生意。④

1903年夏，唐国安邀请颜惠庆游览澳门、香山县和广州。在香山县，二人拜见了唐绍仪和其他大人物。此外，他们还进行了数次短途旅行，足迹遍布南京与苏杭。⑤由此可见，唐国安和颜惠庆交情甚笃。

---

①　杨磊：《唐国安：曾在开滦任职的清华第一任校长》，《开滦文博》2011年第5期，转引自唐绍明：《清华校长唐国安》，第155页。

②　杨磊：《唐国安：曾在开滦任职的清华第一任校长》，转引自唐绍明：《清华校长唐国安》，第155页。

③　见1905年唐国安致盛宣怀的求职信，唐绍明：《清华校长唐国安》，书前图片。

④　《麦克林夫人致艾维尔校长的信之一》，原件存诺桑顿高中档案馆，转引自唐绍明：《清华校长唐国安》，第157页。

⑤　颜惠庆：《颜惠庆自传：一位民国元老的历史记忆》，吴建雍等译，北京：商务印书馆，2003年，第56页。

### 三、粤汉铁路局华核账及沪宁铁路翻译

1903年，陈霭庭在粤汉铁路任职，由于粤汉铁路需人，忆及唐国安在开平矿务局及牛庄站办事妥善，举荐他为粤汉铁路华核账。①

1905年，陈霭庭去世，恰逢此时美国人控制的合兴公司出现财务困难，清廷决定收回粤汉铁路路权。上海粤汉铁路总公司难以为继，唐国安即将失业。

当时，曾任粤汉铁路会办的王勋②调任沪宁铁路总办。王勋接任沪宁铁路总办后，"将旧时粤汉中人引入沪宁，派充翻译文案账房等事。而沪宁原用人员辄挤之使去"。③王勋与陈霭庭是亲戚，和唐国安私交甚笃，向盛宣怀推荐唐国安，言其"肄业美国，所学饶有根柢"，"人品端正，办事结实"，"奉委粤汉铁路华核账以来，公□慎密，始终不懈"。④沪宁铁路随办大臣李京堂也向盛宣怀举荐唐国安，认为他"英文甚好，帐目清楚"，是难得的人材。⑤同时，唐国安也向盛宣怀递求职信，希望能在沪宁铁路或其他机构任职。⑥

此时沪宁铁路筹办不久，正缺人才。有了李京堂和王勋的举荐，盛宣怀欣然同意聘用唐国安。1905年9月7日，李京堂去电粤汉铁路，通知唐国安"留（沪宁铁路）总公司充当翻译"。⑦由于粤汉铁路账目还未厘清，王勋

---

① 见1905年唐国安致盛宣怀的求职信，唐绍明：《清华校长唐国安》，书前图片。
② 王勋，字阁臣，原籍广东，父为香港牧师，与王宠惠是兄弟。曾任上海基督教青年会总干事，寰球中国学生会副会长，与唐国安关系密切。（路维廉：《全国协会历任董事长生平之回忆》，《中华基督教青年会五十周年纪念册：1885－1935》，上海：中华基督教青年会全国协会出版，1935年，第165—166页）
③ 《沪宁铁路公司用人之一斑》，《申报》，1905年11月10日，第2版。
④ 《光绪三十一年八月十三日王勋致盛宣怀函》（1905年9月11日），上海图书馆编：《盛宣怀档案选编》第47册，上海：上海古籍出版社，2014年，第630—632页。
⑤ 《光绪三十一年五月二十八日至十一月初二日沪宁铁路往来电报抄存（四二）》，上海图书馆编：《盛宣怀档案选编》第49册，上海：上海古籍出版社，2014年，第425页。
⑥ 见1905年唐国安致盛宣怀的求职信，唐绍明：《清华校长唐国安》，书前图片。
⑦ 《光绪三十一年五月二十八日至十一月初二日沪宁铁路往来电报抄存（四六）》，《盛宣怀档案选编》第49册，第429页。

让唐国安将经手的账目核算完毕后再到沪宁铁路总公司任职。当时，粤汉铁路总公司（沪局）有不少工作人员还在处理善后工作，但是公司已停发员工工资。唐国安向盛宣怀请求垫发一半薪水，后由于员工们无力偿还，请求延期偿还。①

1905年9月23日，唐国安正式到沪宁铁路总公司上班，职务为沪宁铁路总公司翻译知州用分省试用州同，每日上午仍到粤汉铁路总公司料理账目。②当时沪宁铁路督办大臣盛宣怀月薪800两，随办大臣李京堂500两，王勋与唐国安（时为候选同知）均为200两。在中国职员中，唐国安薪水仅次于督办大臣盛宣怀和随办大臣李京堂，可见其在沪宁铁路属于有实权的高级领导层。③

第三节

# 关注国家利权

## 一、关注路矿问题

路矿问题尤其是路权问题是清季朝野上下关注的热点问题。唐国安长期在开平矿务局和京奉铁路、粤汉铁路、沪宁铁路等路矿公司工作，对此更是萦绕于怀。

据不完全统计，《南方报》英文版有29篇42天的"论说"与铁路有关，包括中国铁路的发展现状、各省的铁路事业、重要铁路的新闻、外国对中国铁路路权的侵略、路权收归国有等内容。具体篇目如下表：

---

① 《光绪三十一年八月十七日唐国安致盛宣怀函》（1905年9月15日），《盛宣怀档案选编》第47册，第633—637页。
② 《光绪三十一年八月二十七日王勋致盛宣怀函》（1905年9月25日），《盛宣怀档案选编》第47册，第638页。
③ 《□年沪宁铁路项下华洋员执事薪费清单》，《盛宣怀档案选编》第49册，第297—299页。

## 《南方报》英文版"论说"中与铁路相关的篇目

| 日期 | 英文版论说标题 | 中文标题 |
|---|---|---|
| 1905.09.07 | The Canton–Hankow Railway | 粤汉铁路 |
| 1905.09.21 | Railways in Anhui | 安徽铁路 |
| 1905.10.26 | The Agitations in Regard to Railways in China. II. | 铁路骚动 |
| 1905.11.29 | Charges Against the Shanghai–Nanking Railway. II. | 对沪宁铁路指控 |
| 1905.12.01 | Charges Against the Shanghai–Nanking Railway | 对沪宁铁路指控 |
| 1905.12.04 | Charges Against the Shanghai–Nanking Railway | 对沪宁铁路指控 |
| 1905.12.23 | Railways in China. Early history | 中国铁路的早期历史 |
| 1905.12.26 | Railways in China. Their character | 中国铁路的特点 |
| 1906.01.30 | The Railway Question in China | 中国铁路问题 |
| 1906.01.31 | The Railway Question in China II. | 中国铁路问题 |
| 1906.02.02 | The Railway Question in Kuangtung | 广东铁路问题 |
| 1906.02.03 | The Railway Question in Kuangtung II. | 广东铁路问题 |
| 1906.04.20 | The Ching–Han Railway | 京汉铁路 |
| 1906.04.21 | Railway Progress in Kuangtung | 广东铁路的进展 |
| 1906.05.16 | Present Progress of Railways in China | 中国铁路发展现状 |
| 1906.05.17 | Present Progress of Railways in China II. | 中国铁路发展现状 |
| 1906.05.18 | Present Progress of Railways in China III. | 中国铁路发展现状 |
| 1906.05.19 | Present Progress of Railways in China IV. | 中国铁路发展现状 |
| 1906.05.23 | Present Progress of Railways in China V. | 中国铁路发展现状 |
| 1906.05.24 | Present Progress of Railways in China VI. | 中国铁路发展现状 |
| 1906.05.25 | Present Progress of Railways in China VII. | 中国铁路发展现状 |
| 1906.05.26 | Present Progress of Railways in China VIII. | 中国铁路发展现状 |
| 1906.06.02 | The Railway Situation in Canton | 广州铁路现状 |
| 1906.06.14 | The Shanghai–Nanking Railway | 沪宁铁路 |
| 1906.06.15 | The Shanghai–Nanking Railway II. | 沪宁铁路 |
| 1906.06.19 | Redemption of Chinese Railways | 赎回路权 |
| 1906.06.29 | The Railway in Yunnan | 云南的铁路 |
| 1906.07.03 | The Shanghai–Nanking Railway | 沪宁铁路 |

（续表）

| 日期 | 英文版论说标题 | 中文标题 |
|---|---|---|
| 1906.07.17 | The Opening of the Shanghai–Soochow Railway | 淞沪铁路开通 |
| 1906.07.18 | The Shanghai–Soochow Railway Opening | 淞沪铁路开通 |
| 1906.10.20 | The Anhui Railway | 安徽铁路 |
| 1906.10.27 | The First Chinese Railway Engineer | 中国首位铁路工程师 |
| 1906.12.04 | The Canton–Kowloon Railway | 广九铁路 |
| 1907.01.29 | Railway Enterprise in South China | 中国南方的铁路企业 |
| 1907.01.30 | Railway Enterprise in South China II. | 中国南方的铁路企业 |
| 1907.03.02 | The Peking Kalgan Railway | 京张铁路 |
| 1907.03.29 | Railways in Shantung | 山东的铁路 |
| 1907.04.09 | Railway in Kuangsi | 广西的铁路 |
| 1907.04.27 | Reversion of Railways | 路权收归国有 |
| 1907.05.01 | Manchurian Railway Convention | 满洲铁路协定 |
| 1907.05.21 | Duty on Railway Materials | 铁路物料税 |
| 1907.07.11 | Chinese Railway Loans II. | 中国铁路借款 |

资料来源："抗日战争与近代中日关系文献数据平台" 提供的《南方报》原文，此处只记录1905年8月23日至1907年7月13日的相关内容。

与对铁路的关注相比，《南方报》英文版 "论说" 对矿务的关注较少，主要有以下3篇：

### 《南方报》英文版 "论说" 中与矿务相关的篇目

| 日期 | 英文版论说标题 | 中文标题 |
|---|---|---|
| 1906.06.13 | German Mining Claims in Hunan | 德国声称在湖南拥有采矿权 |
| 1906.08.24 | Mining in China | 中国的矿业 |
| 1906.08.25 | Mining in China II. | 中国的矿业 |
| 1906.09.12 | The Chinese Engineering and Mining CO. | 中国工程师和矿业公司 |

资料来源："抗日战争与近代中日关系文献数据平台" 提供的《南方报》原文，此处只记录1905年8月23日至1907年7月13日的相关内容。

### 二、声援抵制美货运动

1904年1月，鉴于限制华工赴美的《中美会订限制来美华工保护寓美华人条款》将于1904年12月7日到期，清政府正式通知美方，该条款到期后不再续订，建议双方通过谈判签订一个更宽松的移民条约。美国总统罗斯福及美国政府出于种种原因，拒绝了清政府的要求，坚持排华政策。[1]

美国的态度引起在美华人及中国民众的不满。1905年5月10日，上海商务总会成员宣布抵制美货声明，抵制美货运动正式爆发。这场由上海商人发起的抵制运动迅速得到社会所有阶层的热烈响应，并迅速扩展到全国20多个城市。[2]

黄贤强指出，抵制美货运动的爆发有三个因素：美国政府的排华法令，美国人虐待在美华人以及1900年义和团运动后中国国内民族主义的觉醒。[3]

王冠华则从社会运动的角度分析1905至1906年的抵制美货运动。他指出，这是近代中国历史上最早且规模最大的城市民众运动。[4]他试图回答这样一个问题：为什么这么多人参与到这场与他们没有直接利益关系的全国性抵制运动？他认为，至少需要以下3个条件：一是中国公众对海外华人尤其是美国华人的情况有一定了解；二是美货在中国的广泛存在；三是存在网络和组织将民众动员和组织起来，这是最重要的一点。[5]

移民问题受到广泛关注很大程度上得益于印刷事业的发展。由于民间报刊的兴起、出版业的繁荣、白话小说的发展、华人在外游记的出版等因素，

---

[1] 中方和美方的交涉过程以及美方的考量参见朱卫斌：《西奥多·罗斯福与中国：对华"门户开放"政策的困境》，天津：天津古籍出版社，2005年。

[2] 1905年抵制美货运动的具体情形参见黄贤强：《1905年抵制美货运动：中国城市抗争的研究》，高俊译，上海：上海辞书出版社，2010年。

[3] 黄贤强：《1905年抵制美货运动》，第4页。

[4] 王冠华：《寻求正义：1905—1906年的抵制美货运动》，刘甜甜译，南京：江苏人民出版社，2007年，第2页。

[5] 王冠华：《寻求正义》，第9—10页。

移民问题在社会上大范围地传播，民众有机会了解华人在海外所受到的不公正对待。王冠华指出：

> 1894—1895年中日战争之前的几年里，有关移民的争论主要在相关个人、利益群体和政府官员当中进行，一般公众没有多少渠道接触到有关这个问题的信息，更没有什么非常有说服力的理由让他们对这一问题做出强烈的反应。然而，到19世纪90年代末和20世纪初年，这一情形发生了决定性的改变。在1895年中国屈辱性失败之后的十年中，伴随着思想、信息传布方式的发展，民众对国家事务的兴趣也逐渐增长。[①]

《南方报》英文版十分关注海外华人的境况，对海外华工及国内外资公司雇佣的华工的悲惨生活有过多次报道。据不完全统计，共有18篇文章与华人和华工有关。这些报道涉及南非、爪哇、旧金山、澳大利亚、夏威夷、新加坡、德兰士瓦、萨摩亚、巴拿马等地的中国人和华工。唐国安十分关心在海外谋生的中国人，对他们所遭受的不公正待遇深表同情和愤慨。

1905年10月，唐国安和颜惠庆等组成委员会，与清朝驻南非总领事刘玉麟联系，调查华工在南非的情况，以便引起朝廷和山东省对南非华工的重视。[②]两次调查报告于1905年12月5日和28日刊登在《南方报》英文版。

1905年8月26日，《南方报》英文版发表一篇名为《一个中国人对抵制美货的看法》（"The Boycott. A Chinese Opinion"）的文章，旗帜鲜明地支持抵制美货运动，谴责美国的排华政策。作者首先指出，抵制美货运动并非一场恶意针对所有美国人的行动，其目的是争取一个值得尊敬的国家应享有的权利。美国对中国人的不公平对待和歧视，不仅伤害中国人的感情，也违背美国宪法平等、自由、博爱的基本原则。接着，作者从天赋人权入

---

① 王冠华：《寻求正义》，第55页。

② "An Address by A Chinese Lady II.", *South China Daily Journal*, 20th October, 1905, 第4页新闻。

手，说明中国人应该得到公正的对待。作者引用苏格兰民族诗人罗伯特·彭斯（Robert Burns）的名言"A man's aman For a' that"（无论何时都要保持尊严），指出这是人生而为人拥有的神圣不可侵犯的意识和权利，无论他是亚洲人还是文明的欧洲人。中国人作为人类的一员，为什么要长期遭受不平等待遇？美国声称与中国有着深厚的友谊，为何要侮辱和虐待赴美华人？作者声称抵制美货是无奈之举。中国人一直耐心期望情况能有所改善，数次向清政府请求帮助，向美国政府抗议，但是清政府的软弱无能和美国政府的冷漠一次又一次让他们失望。人的耐心是有限的，走投无路之下，他们拿起了最后的武器，通过自己的行动，通过抵制美货表达自己的不满和要求。作者认为这次抵制运动的目的：一是向世界表明，中国已经不同往日，爱国主义精神和团结精神已经渗透到每一个中国人的心里，二是抗议美国政府针对中国的不公正法律。最后，作者希望中美两国能够合作解决这个问题，以免对两国贸易造成更大的损害。如果美国能妥善解决排华问题，将重新获得中国人的信任和友谊，加强中美两国的联系。①

随后，《南方报》英文版还发表多篇相关文章声援抵制运动，如《何天爵谈排华》（"Mr. Chester Holcombe on Chinese Exclusion"）、《驻华盛顿大使馆资深官员关于抵制美货的意见》（"A Letter"）、《一个中国人关于排华法案的演说》（"A Chinese Speaker on the Exclusion Laws"）等。

抵制美货运动在全国的迅速开展，引起美国的强烈不满和中国政府的不安。1905年8月31日，清廷颁布上谕，要求停止抵制运动，上海和华北的抵制运动步入低潮，但是广州和华南其他地方一直持续到1906年。

1906年1月24日，根据美国总统罗斯福的建议，美国众议员福斯特（David J. Foster）向国会提交议案，主张赋予劳工以外的华人入境权利。

唐国安对这份修正案并不满意。虽然议案看起来保护了五个"豁免阶

---

① "The Boycott. A Chinese Opinion.", *South China Daily Journal*, 26th August, 1905, p.2.

层"的利益，但是条款背后的附文使这些条款成为一纸空文，效力微乎其微。最关键的是，这份提案仍然禁止华工前往美国及美国控制的夏威夷、菲律宾等岛屿。[1]

这份唐国安并不满意的议案，在美国人看来已经是极大的让步，但在排华势力的反对下，没有在国会通过。[2]1906年春，在清政府的镇压下，各地抵制运动接近尾声，美国没有了修改排华政策的现实压力。虽然美国其后出台了一些改良措施，但是歧视华人的政策没有根本变化。轰轰烈烈的抵制美货运动无疾而终。

# 小　结

唐国安回国后，被分配到天津总督医学馆学习医学。这不是唐国安的志趣。他通过唐廷枢的关系，以借调为由离开医学馆，投身实业，在旗昌洋行和怡和洋行工作，放弃留美幼童这个身份附带的政治资源，也失去了官身。在唐廷枢的帮助下，唐国安就任开平矿务局英文秘书和总办助理，重新参与政治。此后，他辗转于京奉铁路、粤汉铁路局、沪宁铁路公司。唐国安工作变动的背后，离不开唐廷枢、陈霭庭等广东人的提携。工作之余，他关心国家利权，关心经济的发展，尤其关注中国铁路的发展，多次通过《南方报》报道路矿事务，声援抵制美货运动，对国家的商业政策、各地商会、博览会也有所关注。

---

[1]　"The Amended Chinese Exclusion Act", *South China Daily Journal*, 24<sup>th</sup> March, 1906，第4页新闻。
[2]　美国总统罗斯福及美国国内不同利益集团对修改排华法案的态度参见朱卫斌：《西奥多·罗斯福与中国：对华"门户开放"政策的困境》。

# 身兼数职的社会活动家

唐国安认为，中国的改革包括政治改革和社会改革。因此，他活跃在社会改革第一线，除了工作上的本职和兼职，还有很多社会职务，包括中国基督教青年会创始人、寰球中国学生会会董、《南方报》英文版主编、天足会洋文书记等。借助这些社会组织，他积极参与社会改革，移风易俗，宣传新思想，提倡新生活方式。

## 第一节

# 基督教青年会创始人

### 一、虔诚的基督徒

唐国安是一名虔诚的基督徒，与基督教青年会渊源很深，其宗教活动与社会改革主要借助基督教青年会这一平台。如前所述，唐国安在美国读书时已经信奉基督教，还与其他幼童一起组织兴华基督会，只是碍于清政府不得信教的禁令而未受洗。

19世纪90年代中期，唐国安与妻子关月桂在天津卫斯理教堂宝复礼（Frederic Brown）牧师的主持下受洗入教，成为一名虔诚的基督徒。[1]据宝复礼回忆，唐国安一到天津就差人咨询入教事宜，不久就和妻子一同受洗入教，成为美以美会的一员。[2]此后，唐国安热心于中华基督教青年会事务。

青年会诞生于西方。中国最早的青年会始于1885年福州英华书院青年会及北通州潞河书院青年会，属学生基督教青年会。1895年，世界青年会北美

---

[1] 宝复礼：《继起的觉醒》，《三十年后中国的黎明》，伦敦出版，出版时间不详。转引自唐绍明：《清华校长唐国安》，第241页。

[2] 宝复礼：《义和团及其他中国问题的回忆录》，路遥主编：《义和团运动文献资料汇编英译文卷》下，济南：山东大学出版社，2012年，第270页。

协会派来会理（D. Willard Lyon）博士来华，帮助中国在天津成立天津基督教青年会。这是中国第一个城市基督教青年会。截至1896年，中国共有27个学生青年会。这一年，各处学生青年会派代表齐集上海，组成学塾青年会。中华基督教青年会开始有全国大会。1898年，北美协会续派格林（Robert R. Gailey）、路义思（Robert E. Lewis）、巴乐满（Fletcher S. Brockman）3人，次年又增派苏森（W. J. Southam）共4人来华服务，组成北美协会在华服务干事部。格林负责华北工作，路义思负责上海工作，苏森负责香港工作，巴乐满留驻协会工作。①唐国安先后参与了上海、香港、北京青年会的组建，可谓是中国基督教青年会的华人创始人之一。

　　1900年1月6日，唐国安与路义思、黄佐廷、颜惠庆、曹锡庚等人"鉴于上海地方日就繁盛，青年人易受恶社会之引诱而致堕落"，在上海博物院路大礼堂筹议设立上海中华基督教青年会，因而成为上海基督教青年会第一任

北京青年会第五次大会摄影（《亚东丛报》，1913年2月第3期》）

① 梁小初：《中国青年会五十年简史》，《中华基督教青年会五十周年纪念册：1885—1935》，上海：中华基督教青年会全国协会出版，1935年，第90—91页。

董事。①上海青年会是第一个为商界和职业界青年设立的城市青年会，成立初期"知者尚少"，唐国安与"颜君惠卿、黄君佐廷、王君阁臣、曹君锡赓等竭力扶持"。②

上海青年会会所四年三迁。1900年刚成立时，会员仅数十人，会所在上海苏州路17号，是租赁的房屋。次年，会员增至200多人，原会所场地不敷使用，遂迁会所于南京路194号，"屋宇既稍宽敞"。有了更加宽敞的场所和一定数量的会员后，青年会"气象渐见发达"，开设阅报室、查经班和英文夜校，所有教员由会员充任。1903年，青年会会所再迁北京路15号，会员增至600多人，除夜校外，还设立日校，以应社会需要。③唐国安很可能在青年会的学校任教员，据记载，他曾在日夜学校担任教习，教授"文献翻译"（Documentary Translation）课程。④

为躲避义和团运动，唐国安南下香港经商。恰逢1901年苏森奉美国青年会之命，到香港筹组青年会，唐国安参与了此次筹备。香港青年会虽然成立了，但"组织屡有变更，其初数年，只设值理协助办事，未有董事局之设"。唐国安曾任该会初期的总理。⑤青年会的经费全部来自捐赠。筹措经费一直是青年会的重要工作，经费不足甚至一度制约青年会的发展。此时，唐国安在香港经商，他建议香港青年会同人和他一起从事商业活动，缓解了香港青年会的经费问题。⑥

唐国安是基督教青年会的早期创立者之一，长期担任司库、书记等职务，对青年会的宗旨及运作十分清楚，且深入参与青年会的会务和活动。他

① 《上海青年会之过去》，《上海中华基督教青年会特刊》，出版者及出版时间不详，第1页。《城市青年会成立简史》，《中华基督教青年会五十周年纪念册：1885—1935》，第128页。
② 庐隐：《唐先生介臣事略》，第204页。
③ 《上海青年会之过去》，《上海中华基督教青年会特刊》，第1—4页。
④ Nathaniel Gist Gee ed., *The Educational Directory for China*, 1905, p. 126. 转引自唐绍明：《清华校长唐国安》，第201页。
⑤ 刘粤声主编：《香港基督教会史》，香港：香港浸信教会出版，1996年，第273页。
⑥ 唐绍明：《清华校长唐国安》，第158页。

"为会中会计员，凡四五年，每有会议，无不出席。经济之周旋，亦多设施"。青年会元老谢洪赍说，青年会"今日之兴盛，先生与有力焉"。①

1902年，中国基督教青年会在上海召开第四次全国大会。此后青年会的工作对象转变为知识界、非教会学校学生及工商职业界。这次大会，标志着城市青年会正式加入全国组织。这一组织名为中韩港基督教青年会总委办，由12名中国和朝鲜委员及11名外国委员组成。②后该组织改为中韩基督教青年合会总委办，唐国安曾任中韩基督教青年合会总委办副会长。③

中韩港基督教青年会总委办成立之时，设书报部，机关刊物为中文刊物《青年》。1904年，基督教青年会总委办改组，改机关报《青年》为中英合报。唐国安与颜惠庆、黄佐廷、王勋、曹锡赓为英文版主编。同时，上海基督教青年会也有会报。唐国安在两份报刊上发表多篇文章论述基督教和传教问题，如《爱国基督徒之本分》《学生志愿者运动及世界学生基督教联盟与中国基督教青年会的关系》《在中国传教之障碍》《论中国基督徒宜肩改良社会之义务》《论中国之爱国士宜为基督徒之理由》《基督徒之愉悦》等。④

主持上海青年会会务的路义思、曹锡庚等人考虑到青年会"胚胎虽已粗具，仍未达初衷，非建筑大规模之会所不足以扩充事业"，向中外人士筹款于四川路购地建筑会所。⑤会所于1905年开工建筑，1907年7月落成，内设健身房、游泳池、大礼堂、食堂等，规模大备。⑥唐国安在维持青年会日常开支的同时，为建筑新会所多方筹款。

---

① 庐隐：《唐先生介臣事略》，第204页。
② 梁小初：《中国青年会五十年简史》，《中华基督教青年会五十周年纪念册：1885—1935》，第92页。
③ 《青年》，1907年第10卷第6期。
④ 庐隐：《唐先生介臣事略》，第204页。唐绍明：《清华校长唐国安》，第200—201页。以上所列均为英文文章的中译名。
⑤ 《上海青年会之过去》，《上海中华基督教青年会特刊》，第1—2页。
⑥ 《城市青年会成立简史》，《中华基督教青年会五十周年纪念册：1885—1935》，第128页。

　　唐国安长期负责青年会的财务，且不吝捐款。1905年5月，上海青年会举行五周年庆典，与会者120人。唐国安发表讲话，讨论会员的义务，总结五年来的经费情况、本年预算及不足，并发起捐款，带头捐款100洋元。庆典会共收捐款1300多洋元。[①]此时唐国安还在粤汉铁路任职，薪资情况不明，但笔者猜测应与沪宁铁路的待遇差别不大。一次捐款就捐了一半月薪，可见唐国安对青年会事业的支持。

　　1907年，中国基督教青年会在上海召开第五次大会。唐国安出席并发表演讲，阐述青年会与城市少年的关系，被推选为中国基督教青年会组合董事之一。[②]同年10月8日，青年会举行新会所落成典礼，恰逢美国陆军部长塔夫特（William Howard Taft）[③]访华，出席了此次落成典礼。

　　1909年6月12日，京师基督教青年会在北京米市大街会所举行成立典礼。当时唐国安在外务部任职，积极帮助筹建京师青年会，被选为议事员。京师青年会由格林、张佩之、袁子香等筹议成立，得到美国社会的支持。普林斯顿大学负责选派外国干事，并承担外国干事的薪资；一位名叫万那美克的美国人出巨资为京师青年会建筑会所。唐国安在会上发言，说青年会得到热心机构和人士的帮助，会员应该心怀感恩，认真工作，不辜负他们的支持。他建议格林向普林斯顿大学和万那美克寄送公函，表达京师青年会的感激之情。1910年，京师青年会组成第一任董事部，选唐国安为董事。[④]

　　1912年12月12至15日，中国基督教青年会第六次全国代表大会在北京召开，唐国安再被选为董事。[⑤]此次大会后，中韩基督教青年合会总委办改称

①　《纪青年会举行第五年庆典》，《申报》，1905年5月30日，第18版。
②　庐隐：《唐先生介臣事略》，第204页。
③　塔夫特（William Howard Taft），美国第27任（1909—1913）总统。1904年任西奥多·罗斯福政府陆军部长。唐国安参与欢迎塔夫特的筹备工作。
④　张佩之：《京都青年会立会记略》，《青年》，1909年第12卷第7期。《城市青年会成立简史》，《中华基督教青年会五十周年纪念册：1885—1935》，第118页。
⑤　唐绍明：《清华校长唐国安》，第196页。

中华基督教青年会全国协会。朝鲜青年会另行组织总会。①同年秋，在唐国安的支持下，清华学校成立清华基督教青年会，这是中国第一个官办学校青年会。②清华基督教青年会会长王正序，邀请外交家王正廷出席成立大会，演讲基督教青年会的宗旨及在全世界范围内的服务情况。12月25日，清华基督教青年会举行圣诞庆祝大会，数百人赴会。唐国安和夫人与会。③

青年会是唐国安的重要社交场合。以青年会为基点，唐国安巩固已有的人脉关系，并拓展人际网络。

据颜惠庆回忆，"董事中热心帮忙的，有王阁臣、黄佐廷、唐介臣、凌潜甫数位……几位先生，本来私交极深，因青年会的关系聚首更多……后来加入的，还有李登辉、宋耀如、夏瑞芳、韩玉麟几位先生。"④这些人都是上海官绅界的重要人物。王阁臣即王勋，与唐国安同在粤汉铁路任职，并向盛宣怀推荐唐国安到沪宁铁路任职。颜惠庆更不用说，与唐国安私交甚笃，且二人在之后的工作中多有往来和扶持。

1905年，青年会筹集经费建造四川路会所，购地的钱由上海官商捐助，"严筱舫、朱葆珊、徐雨之、苏宝森、叶明斋、李云书⑤、王阁臣、唐介臣诸

① 梁小初：《中国青年会五十年简史》，《中华基督教青年会五十周年纪念册：1885—1935》，第94页。

② 《清华学校的青年会》，《清华周刊》1922年双四节特刊，第127页。

③ 孟凡茂：《唐国安先生年谱简编》，清华大学校史馆网站，http://xsg.tsinghua.edu.cn/info/1003/1266.htm，2021年4月3日访问。

④ 颜惠庆：《上海青年会创办之回忆》，《中华基督教青年会五十周年纪念册：1885—1935》，第169页。

⑤ 严筱舫（1828—1906），名信厚，浙江慈溪人。幼年在宁波恒兴钱店当学徒，后供职于上海宝成银楼，经店主胡光墉介绍，入李鸿章幕府。1885年署长芦盐务帮办，以盐务起家，从事商业，积资巨富。1897年，受邮传部尚书盛宣怀委派，创办首家银行中国通商银行，任总董、总经理及上海分行董事长。1902年受命成立上海商业会议公所，任总理，越两年改为上海商务总会，仍任总理。后人推为"宁波商帮"开山祖。（魏桥主编、浙江省人物志编纂委员会编：《浙江省人物志》，杭州：浙江人民出版，2005年）朱葆珊，即朱葆三（1848—1926），名佩珍，浙江定海（今舟山）人。1858年在上海协记五金店学徒，后任平和洋行买办。1878年开设慎裕五金号，迅速成为上海五金行业巨头。1897年任中国

君集议数次定购英界四川路基地。"①严信厚、朱葆三、苏宝森和叶明斋是宁波商帮重要人物。徐雨之即徐润，广东商人的代表。通过青年会，唐国安增进了与上海工商业最重要的两股势力——宁波商人和广东商人的友谊。

借助青年会举办的活动，唐国安也结识了上海知识界的重要人物，比如严复。后者曾在青年会发表数次演讲，"会所在南京路时代，有名人演讲，其中最哄动一时的，就是严几道先生的名学及法学演讲"。②1906年，青年会添设师范研究会，请中西名人讲演教育之理。主讲人和主席除了唐国安，还有圣约翰书院监院卜舫济（Francis Lister Hawks Pott）、沈敦和③、中西书院教员谢鸿赉、澄衷学堂监院白正明、王勋、福开森（John Calvin Ferguson）、商部高等实业学堂监院冯玉蕃、中西书院监院潘慎文、新关税务司毛赛司、严复、上海学务公所会长姚子让等人④。这些人都是上海中外学界、教育界的活跃人士。

---

通商银行总董。后陆续创办和投资华安水火保险公司、上海内地自来水公司、浙江兴业银行、四明银行等。曾任上海商务总会协理、董事。（郑天挺等主编、翁独健等副主编：《中国历史大辞典·上卷》，上海：上海辞书出版社，2000年）苏宝森，浙江宁波鄞县人，创办信昌丝厂，曾任上海商务总会董事、上海华兴保水火险有限公司董事；叶明斋（1867—1931），江苏苏州洞庭东山人，名韶奎，以字行。1893年任上海日商横滨正金银行买办。1911年任上海商务公所交涉部义务董事。1914年当选上海总商会议董。1918年辞去正金银行买办职，次年当选沪北仁济善堂经济董事。1929年参与发起创办中国国货银行并任董事。（李峰、汤钰林：《苏州历代人物大辞典》，上海：上海辞书出版社，2016年）李云书（1866—1935），名厚佑，以字行，浙江宁波镇海县人。1906年在镇海创办永裕垦牧公司。1908年发起创办四明银行，任董事，同年任交通银行上海分行第一任总办。1910年任华日合资上海绢丝公司总理。同盟会会员，曾积极参与20世纪初上海的地方自治，任上海地方自治总工程局总董、预备立宪公会董事、上海地方自治研究会会员等。（林吕建主编：《浙江民国人物大辞典》，杭州：浙江大学出版社，2013年）
① 外：《上海青年会尚需经费》，《申报》，1905年7月1日，第4版。
② 颜惠庆：《上海青年会创办之回忆》，《中华基督教青年会五十周年纪念册：1885—1935》，第169—170页。
③ 沈敦和（1857—1920），字仲礼，江苏鄞县人。曾任沪宁铁路总办，天足会长，创办万国红十字会，与唐国安交往密切。
④ 助：《师范研究会开讲日期》，《申报》，1906年5月2日，第3张第17版。

## 二、引入宗教元素改造中国道德

唐国安认为，20世纪初的中国面临五大问题：民族不团结；官员不诚信；缺乏公民道德；缺乏一致的信仰和准则；军队缺乏战斗力。其中，最关键的问题是缺乏公民道德。其他问题都源于公民道德的缺失，公德缺失本质上是宗教的缺失。[①]

自戊戌变法以来，如何改造公民道德，塑造怎样的国家信仰，成为有识之士关注的问题。有人主张借鉴基督教，有人主张将孔教立为国教，有人主张学习日本的国家神道。对这几种主张，唐国安都不认同。

他坚决反对将孔教立为国教。1906年12月30日，清廷颁布上谕："孔子至圣德配天地，万世师表，允宜升为大祀，以昭隆重"。[②]唐国安坚决反对将孔子祀典升为大祀，认为这一举动实际上将儒家思想立为国教，是为了安抚守旧人士，遏制西学，意味着保守势力和反动势力对进步势力和立宪势力的胜利，意味着古老的、无知的、阻碍启蒙、自由和真理的力量重新占主导地位。[③]

他认为日本的国家神道和基督教都不适合中国。日本的国家神道中，天皇是神；民众臣服于天皇，将自己奉献给天皇。这种信仰的标准太低了，信仰的对象——天皇是脆弱的，一旦天皇失去皇冠，对信仰天皇的民众来说将是一个致命的打击。因此，国家神道反而是日本的弱点，不应该借鉴。基督教的信仰要求虽然很高，但是这种信仰是超世俗的，并不适合中国的需要。[④]

中国需要的是国家和国民一致的理想追求，是对富强民主独立的追求。这种追求，像宗教一样纯粹有力量。换句话说，唐国安希望借助宗教的形式凝聚信仰，但信仰的内容是非宗教的，是世俗的。他强调公民对国家的义

① Tong Kai son, "Some Great Needs of the Hour", *South China Daily Journal*, 15-16<sup>th</sup> October, 1906，第4页新闻。

② 《上谕》，《南方报》，1907年1月1日，第1页新闻。

③ "Conservatism Rampant", *South China Daily Journal*, 23<sup>rd</sup>-24<sup>th</sup> January, 1907，第4页西文。

④ Tong Kai son, "Some Great Needs of the Hour", *South China Daily Journal*, 15-16<sup>th</sup> October, 1906，第4页新闻。本段以下几段均出自这篇文章。

务，公民在追求个人利益时不能有损国家利益。为此，需要培养公民的崇高理想、对统治者的服从和对国家的奉献精神。

当时列强的主要力量之一源于宗教，源于要求最高自我牺牲的宗教。为了培育有理想有奉献精神的国民，需要引入道德的宗教因素培养理想主义的一面，凝聚国民意志。信仰具有强大的力量，宗教是世界上最能激发纯粹的热情、凝聚人心的存在。国家是人的集合，国家需要通过宗教将人凝聚成一个有共同理想、有追求、有坚强意志、具有奉献精神的群体。

第二节

# 寰球中国学生会会董

## 一、寰球中国学生会成立

1905年7月1日，李登辉在北京路上海青年会发表演说，提议在青年会外另建一个学生联合会，并介绍寰球中国学生会的宗旨与组织办法。于是，寰球中国学生会正式成立。[①]他说："我们应迎头赶上世界新潮流，自己创办一个既像学会又像福利团体的组织，研究学术，与国外互通声气，吸收他国先进文化，力求走改革自新之路。"[②]寰球中国学生会创立伊始，就与青年会建立密切联系，包括会长李登辉在内的很多初始成员是青年会会员。

7月6日晚8时，寰球中国学生会举行第二次大会，到会者100多人。会议共七项议程：

---

① 外：《组织寰球中国学生会之发起大意》，《申报》，1905年7月1日，第4版。
② 钱益民：《李登辉传》，上海：复旦大学出版社，2005年，第34页，转引自王开峰：《变化历史中的寰球中国学生会》，中国留学人员联谊会、欧美同学会编：《留学人员与辛亥革命》，北京：华文出版社，2012年，第440页。

1. 大会主席龚子英宣读寰球中国学生会章程。

2. 全体与会者同意通过该章程。

3. 留学英、美、日等国学生及本国教员、学生签名成为会员。

4. 全体成员推选会董及干事。

5. 讨论会址。大会主席龚子英提议先暂设上海事务所，借广智书局为通信地址，由会董择定地址后赁屋开办。

6. 筹议集款出报设印刷所。

7. 告知会员拍照安排。①

唐国安（《寰球》1917年第2卷第2期，全国报刊索引数据库）

选举结果如下：会长李登辉，副会长吴怀疚、龚子英，纪录书记员方守六，通信书记员颜惠庆，会计员凌潜夫、柯澄一，司法员沈信卿，事务部干事员谢洪赉、唐国安、王培生，经济部干事员王勋、姚子让、熊师复，学务部干事员袁观澜、颜惠庆、曾庆五。款宾部干事员方守六、凌潜夫、龚伯英。

此次大会，确立了寰球中国学生会的章程及领导成员。寰球中国学生会真正成为一个有组织的团体。其中，会长李登辉、职员唐国安、颜惠庆、王勋、凌潜夫、谢洪赉、方守六等人都是青年会成员，可见两个组织之间的密切联系。唐国安既是青年会的董事，又是寰球中国学生会的干事、副会长。

## 二、寰球中国学生会的宗旨与活动

李登辉等人认为，中国人自私自利，不团结，不爱国，导致中国在受到外国侵略时毫无抵抗之力，因此需要受过教育的人引导、团结国人。有鉴于此，寰球中国学生会的宗旨是联合青年学生，尤其是留学生，消除学生间

---

① 外：《纪第二次寰球中国学生会议事》，《申报》，1905年7月8日，第9—10版。

的党派之别，使之团结成一个有影响力的学生团体。通过其影响力，领导国家，培养国人的自我牺牲精神和爱国主义精神，从而使国家走向富强。[1]具体来说，其宗旨包括谋求中国进步和扶助学生两项。主要工作有编译中西新本，印刷书籍报章，推广全华教育，整齐本国方言，联络学生情谊，交通中国社会，招待游历学生，资助出洋路费。[2]

第二次寰球中国学生会大会，唐国安被选为事务部干事，后任副会长，主管财务。1907年3月，寰球中国学生会举行聚餐，唐国安发表讲话，以日本为例，强调学生对国家发展命运的主导作用；希望中国学生团结起来，消

寰球中国学生报主笔，右一为唐国安（《寰球中国学生报》，1906年第1卷第1期，全国报刊索引数据库）

---

① Lee Teng-hui（李登辉），"The World's Chinese Students' Federation Shanghai"，*South China Daily Journal*，27th-28th September，1905，第4页新闻。Lee Teng-hui，"An Appeal to Chinese Young Men"，*South China Daily Journal*，6th November，1905，第4页新闻。
② 林亚弦：《寰球中国学生会序》，《寰球中国学生报》1906年第1卷第1期。

除区域和党派差异，为国家改革贡献自己的力量。①

　　1906年6月，寰球中国学生会出版第一期《寰球中国学生报》（*The World's Chinese Students' Journal*）。《寰球中国学生报》为中英文对照双月刊，在上海、北京、天津、江西、日本和新加坡设分售处，共出版6期，1907年6月停刊。该刊有社说、选稿、词林、译丛、学务摘要等栏目。唐国安与李登辉、严复、曾子安为主编。②唐国安先后在《寰球中国学生报》发表三篇文章：《呼吁中国留学生》（"Appeal to China's Foreign Educated Men"）、《悼念唐廷枢先生》（"The Late Tong King-Sing"）、《寰球中国学生会晚宴》（"Reunion Banquet of the World's Chinese Students' Federation"）。

第三节

# 《南方报》英文版主编

## 一、《南方报》的立场

　　《南方报》创刊于1905年8月23日，1908年2月1日停刊。《南方报》由曾任上海道台和驻日公使的蔡钧以蔡勉善堂名义集股创办。初期日出对开两大张共8版，中英合报，总主笔为胡枚宣（眉仙）。该报创办不久即着手酝酿创办《北方报》，以便南北呼应，增强报馆实力。③《纽约时报》记者托

---

① Tong Kai son, "Reunion Banquet of the World's Chinese Students' Federation", *South China Daily Journal*, 4th March, 1907, 第5页西文。
② Tong Kai son, "A New Magazine", *South China Daily Journal*, 10th July, 1906, 第4页新闻。
③ 《南方报》，贾树枚主编，《上海新闻志》编纂委员会编：《上海新闻志》，上海：上海社会科学院出版社，2000年，第131页。

马斯·F.米拉德（Thomas F. Millard）甚至称《南方报》是上海发行量最大的报纸。[1]

唐国安和颜惠庆是《南方报》的英文主编。据颜惠庆记载，当时他和唐国安等人认为应该在上海发行一份英文报纸，表达中国声音，影响外国对华政策。当时《南方报》只设一页英文版，工作并不繁重，他和唐国安同意担任英文版编辑，内容有简短的社论、电讯稿和新闻报道。[2]据考证，颜惠庆于1906年七八月间离开上海前往北京，唐国安开始独自负责《南方报》英文版，直至1907年7月13日离职前往北京任职。此后，曾子安接任英文版主编。[3]

《南方报》是一份主张立宪的报刊。第一期"论说"栏目就刊登了本报记者"宝"的文章《论立宪为万事根本》，分5次刊登完。作为首期论说，这篇文章充分表明了《南方报》的政治立场。

作者指出，甲午战后，中国士大夫多言变法，从学习西方的制度深入到学习西方的精神，改革教育和行政，"自以为治其本"。但是，经过这变法几年，情况毫无改进：

> 群治之不进也如故，民智之不开也如故。求之政界，则疲玩愈甚，而蒙蔽日深。征诸社会，则奸蠹滋多，而公德益坏。非不言兴学也，而学校之完善者，几何？非不日理财也，而财政之紊乱者如故。独练兵一端，竭政府之全力以赴之，其形式稍易旧，观而察其实际，则平时已有逃亡，尚何望于战陈？[4]

① 郑曦原等编译：《帝国的回忆：〈纽约时报〉晚清观察记》，北京：生活·读书·新知三联书店，2001年，第140页。
② 颜惠庆：《颜惠庆自传》，第50页。
③ 唐绍明：《清华校长唐国安》，第207页。
④ 宝：《论立宪为万事根本》，《南方报》，1905年8月23日，第1张第2页。

...

为什么这些措施在西方是良法，而引入中国后，中国却反受其害呢？作者认为，这是因为"政体不立"，非改定政体不可。日俄战争中日本的胜利足以说明立宪的重要性。只有在立宪的大框架下，具体制度的修改才能发挥效用。其论述如下：

> 治国者如操舟然，必先定其所向之方而后有望达于陆岸之日。故立宪政体之于国，犹舟之有指北针也。否则，则迷阳而丧其行矣。被欧洲列国十九世纪以来之政治所率循者，此也。吾近邻之日本，为今日战胜之光荣之国，而其二十年来之所趋步者，亦此也。今以中国之政体，贸然一决，罔擿冥行，而欲变法渐进，以从万国之后，是不啻航行无针，而横断港绝流，以蕲至于海耳。其必不达也，何疑？……日俄之战，岂非天意所以示其趋□□导中国宪政之薙薶者乎？彼俄之见刖于日也，非俄之败于日也，乃专制国□败于立宪国也。①

次日，《南方报》英文版翻译转载了这篇文章，表明立宪是改革的首要工作，并提出两点建议：一是国家应该通过立宪保护民众的权利，使民众保持对国家的忠诚；二是在外交上采取更明智的举措。②

《南方报》设立英文版，是为了向外国人表达中国人的声音：

> 中外交通逾五十年，而士夫既鲜识欧文，宾萌又昧于华语，上流社会之议论不达于西人，遂使彼中觇国之流言及我邦内容，辄有坠雾十重之叹。微论其所诋外谋我者，每多失实。即其称誉我者，亦未必得真也。本馆有见于此，故于中文之外付□英文……以通彼此之邮，而免愆会之虑。

---

① 宝：《论立宪为万事根本》，《南方报》，1905年8月23日，第1张第2页。
② "The Granting of a Constitution as the First Step of Reform", *South China Daily Journal*, 24th August, 1905, 第1张第3页。

其宗旨在代表中国之舆论以谂于欧美之人，而于国际重要之端，教案纠纷之事，犹不惮详加辩论，以略正其是非。[1]

由于中国士大夫不懂英文，外人不懂中文，所以西方人不了解中国上流社会的观点，屡屡误会中国。有鉴于此，南方报馆在中文版面之外，另设英文版，向外国人传达中国的看法。

由于颜、唐二人文笔流畅，"能以整丽之英文词表正大之意见"，所以《南方报》的论调，颇为社会所注意。《字林西报》（*North China Daily News*）常引二人的论说展示中国人的看法。[2]

传递中国的声音不免要与外国人对话甚至辩论，《南方报》常与《字林西报》等英文报刊进行论战。唐国安"素抱利济主义，见事之不直者，不惮揭斥"，为租界当局所忌，但他坦然应对，不以为意。因此，外国人更加重视唐国安，"与之交订者，皆一时知名之辈焉"。[3]颜惠庆认为，《南方报》是国人运用新闻媒介捍卫本国权益的最早尝试，为后继者树立了楷模。[4]

## 二、《南方报》英文版的主要内容

由于《南方报》是一份主张立宪、且要向外国人展示中国人观点的报纸，因此，其英文版的"论说"栏目有大量篇目讨论涉外事务以及中国的立宪和改革情况。

作为一个有"兼济天下"之志的有识之士，唐国安对政治保持高度关注，对政治和社会改革有自己的见解。借助《南方报》这一平台，他参与了很多重要的政治事件，如抵制美货运动、预备立宪等，从中可窥见其政治主张。他认为立宪是救国的唯一出路，因此，利用《南方报》报道宪政改革进

---

[1]　《本馆特别广告》，《南方报》，1905年8月23日，第2页和第3页夹缝。
[2]　庐隐：《唐先生介臣事略》，《青年》，1914年第17卷，第203页。
[3]　庐隐：《唐先生介臣事略》，《青年》，1914年第17卷，第203页。
[4]　颜惠庆：《颜惠庆自传》，第51页。

展，传播立宪思想，提出改革意见。

据不完全统计，有近40篇"论说"与立宪相关，包括对五大臣出洋考察的追踪报道，清廷的立宪及改革举措，地方改革的进展，改革遇到的阻碍等内容。

该报英文版涉外的篇目就更多了，接近1/3，其中包括外国对中国铁路、矿产的侵略，抵制美货运动，日俄战后满洲问题的处理，教案，传教问题，租界问题，治外法权等问题。

## 第四节

# 提倡新生活方式

新政推进的同时，有识之士将目光放在社会改革，提倡革除社会弊病，过上与新政相匹配的新生活方式。唐国安作为活跃的社会活动家，对此多有关注和行动。他主张破除风水迷信，废止缠足，废除家内奴婢，提倡一夫一妻制，谴责吸食鸦片、赌博、酗酒等恶习，提倡体育运动。[①]

### 一、天足会西文书记

"中国反缠足作为一种社会运动，其肇始可以追溯到1875年英国伦敦会传教士麦高温（John Macgowan，1835—1922）在厦门创立的天足会（Heavenly Foot Society）。"[②]但是这一事业没有很好地延续下去。

---

① 部分内容唐绍明在《清华校长唐国安》一书中已有论述，此处不再赘述，仅就重要内容进行展开。
② 秦方：《基督教与性别双重视域中的天津天足会》，侯杰主编：《基督教与中国社会文化》，北京：宗教文化出版社，2018年，第164—165页。

1895年，立德夫人（Mrs.Archibald Little）<sup>①</sup>在上海创办天足会（Natural Foot Society），得到教会及上海绅商的支持，迅速在无锡、镇江、扬州、南京等周边城市建立分会。以西方人为主导的天足会事业开始在中国发展。

立德夫人主办的天足会一开始只局限于江南地区，没有向北方发展。

唐国安在开平矿务局工作时，加入了天足会，并请宝复礼出面在天津设立天足会分会，允诺资助100两。<sup>②</sup>1898年1月15日，宝复礼在《京津泰晤士报》提议创办天津天足会，和上海天足会形成呼应之势。经过宝复礼、丁家立（Tenney Charles Daniel）等人一个半月的筹

立德夫人小像（《万国公报》1899 年10月第129期）

备，天津天足会正式成立。英国领事司格达（B. C. George Scott）担任成立大会主席。<sup>③</sup>唐国安热心参与该会活动。

几乎同时，维新派也反对缠足。1895年，康有为和康广仁在广州创办不缠足会。1897年，该会推广到上海，由康广仁、梁启超、谭嗣同等设立天足会。该会章程规定，会员所生女子不得缠足，所生男子不得娶缠足之女。戊

---

① 立德夫人（Mrs.Archibald Little，1845—1926），英国人。丈夫立德（Archibald Little）是来华英国商人，英国皇家地理学会会员。她长期在上海做妇女工作，是中国"天足运动"的发起者，1895年在上海组织成立天足会，反对妇女缠足。著有《在中国的婚事》（A Marriage in China，1899）、《熟悉的中国》（Intimate China，1899）、《穿蓝色长袍的国度》（The Land of the Blue Gown，1901）、《李鸿章，他的生平和时代》（Li Hung-Chang: His Life and Times，1903）等，将她在北京、烟台、上海、宁波、芜湖、宜昌、丰都等地的所见所闻作了记录。（唐希：《话说福州老照片》，福州：海风出版社，2010年，第77—79页。张明编：《外国人拍摄的中国影像：1844—1949》，北京：中国摄影出版社，2018年，第184页）
② 唐绍明：《清华校长唐国安》，第258页。
③ 秦方：《基督教与性别双重视域中的天津天足会》，《基督教与中国社会文化》，第165页。

戍变法时，康有为上奏《请禁妇女裹足折》，请求在全国范围内自上而下推行天足活动。①

1901年慈禧太后下达了禁缠足懿旨，李鸿章、张之洞等大员也反对缠足，反对缠足成为部分统治者和有识之士的共识。

早在1891年，唐国安就曾撰文反对缠足。他从自然、风俗、道德等角度论证不应缠足。首先，从自然的角度看，他认为，天地造物，万物的形躯都是精良的，而人作为万物中最有灵性的生物，人体的构造自然是最精良的。因此，人应该保持身体原始的构造，不能通过缠足改变形体。其次，他从风俗的角度，点明存在有损身体健康的风俗，缠足即是其中一种。缠足使女子伤筋折骨，血起脓流，步行痛楚，夜不能寐。缠足后人不能行，血气不能贯通，容易招致疾病。再次，他指出缠足违背女德。女训规定妇女四德，其中之一是妇容，即身体洁净。而缠足者，身体最不洁净，与女德相悖。最后，唐国安呼吁父母爱护女儿，呼吁大家与恶俗抗争，恢复古时女子不裹足的传统。②

多年来，唐国安热心于天足会事务，为禁止缠足出钱出力。《南方报》多次发文报道天足会消息，宣传天足活动，呼吁废止缠足。

辜鸿铭强烈反对天足运动。1906年3月9日，《字林西报》刊登立德夫人的来信，表达立德夫人对辜鸿铭关于天足会及天足活动的言论的不满。3月11日，唐国安致信《字林西报》，回应立德夫人的来信。唐国安在为辜鸿铭转圜的同时，指出他和辜鸿铭在废止缠足问题上的不同看法。他说，辜鸿铭是一个值得敬佩的爱国者，才华出众，虽然不理解天足会的活动，但也不像立德夫人所言对天足活动有恶意。③

1906年3月25日下午，天足会举行一次聚会，约有3500人参会，会上，

---

① 刘本旺编：《参政、议政故事别裁集》，太原：山西人民出版社，2018年，第152—153页。

② 唐国安：《戒缠足论》，《月报》，1891年第17卷第4期。

③ Alicia Litter, Tong Kai-son, "Mr. Ku Hung-Ming and the Tien Tsu Hui", *The North-China Herald and Supreme Court and Consular Gazette*, 16th March, 1906, p.36.

立德夫人、沈敦和、严复等人发表了演讲。①唐国安也参加了这次聚会，并对会议进行详细报道。在同一天的报纸上，还有一篇对日本女性教育的报道。沈敦和在会上的发言也对比了中日两国对待女性的不同态度。可见，在女性问题上，日本也成了中国的对照国。沈敦和认为，日本强大的原因之一是女性的身体健康得到重视；中国应该向日本学习，改变对妇女的态度。严复指出，裹脚的美是人工的、畸形的，真实自然的美更值得追求。我们应该改变对女性的审美，柔弱无助不是温柔优雅，健康才是美的前提。女性只有拥有健康的身体，才能参与工作，寻求受教育的机会，进而有所成就。②

1906年，立德夫人由于将要返回英国，决定把天足会交由中国人办理。是年11月27日，天足会召开理事会，改组领导机构，欢送立德夫人。到会者有3000人，包括会长立德夫人，李提摩太（Timothy Richard）、李佳白（Gilbert Reid）、卜舫济三位教士，沈仲礼、萨镇冰以及唐国安等。

会议最重要的议程是立德夫人将天足会交由国人办理，由沈敦和接收。同时，选派萨镇冰军门、关絅之司马、电报沪局总办周万鹏观察、沪宁铁路随办钟文耀观察、沪宁铁路管理处总办王勋观察、金巩伯大令、颜惠庆博士、唐国安观察、沈敦和观察、沪宁铁路总文案关君等10人为董事；在10人中选钟文耀、周万鹏、王勋、唐国安等5人为办事董事。唐国安还被选为西文书记员。③

唐国安在上海任职时，积极参与上海天足会的活动。天足会的重要工作是设女学堂。沈敦和曾撰文阐明天足会设立女学堂的必要性。他认为，缠足已经成为牢不可破的风俗，改变缠足观念光靠演说和劝导收效甚微，必须设立女学堂。"女子如果受教化知学问，则缠足之习可以不期然而渐除，再加以会中志士随时随地著书立说、演讲劝诚，必能日起有功，浇风

---

① "The Tien Tsu Hui Meeting", *South China Daily Journal*, 26th March, 1906，第4页新闻。

② "The Tien Tsu Hui Meeting", *South China Daily Journal*, 29th March, 1906，第4页新闻。

③ 译：《华人接办西女士所创之天足会》，《申报》，1906年11月27日，第10版；《天足会归并华人自理》，《通问报：耶稣教家庭新闻》，1906年第229期，第13页。

净绝。"①

上海天足会设有女学堂，招收不缠足的青年女子，立德夫人曾担任校长，唐国安参与其中。1906年7月10日下午4时，天足会女学堂举行毕业典礼。唐国安颁发毕业证书，王勋颁奖。《南方报》对此有所报道。②

天足会收归国人办理后，上海天足会女学堂也交由中国人办理。会长王勋的夫人章兰总理校事。王勋重订上海天足会女学堂章程，包括女学堂的命名、宗旨、管理、课程、修业年限等。部分内容摘录如下：

> 命名　以天足会命名本会会员之志愿，以劝导解放缠足为义务，保全天然之形体，养成优美之性质，修明女子普通之知识，完全教育，以洗千年之陋习而普及于人人。凡入本校者，天足为最合格。其已缠足者，亦须渐渐解放。
>
> 宗旨　授以妇女切要之实业，保其天赋之能力，兼德育、智育、体育三者而并教之，使具自治之资格，以为自立之基础，俾能主持家政、教育子女，为完全无缺之女子。③

章程之外，还有宿舍详章14条、课堂详章10条、请假详章6条、寄宿简约17条。

## 二、提倡体育运动

甲午战后，尚武风气渐起。1906年，清廷将尚武列为教育宗旨。④此期，学堂始设体操课，但是教员多由军人充任，主要教授兵操。只有少数教

---

①　沈敦和：《天足会必需附设女学堂说》，《天足会报》，1907年第1期。
②　"The Tien Tsu Hui School", *South China Daily Journal*, 11th July, 1906，第4页新闻。
③　《上海天足会女学堂章程》，《天足会报》，1907年第1期。
④　《学部奏请宣示教育宗旨折》（1906），舒新城：《中国近代教育史资料》上册，北京：人民教育出版社，1962年，第220页。

会学校有足球、棒球、田径等课外活动。废科举后，学部要求各级学堂设体操课。官立学堂的体育活动主要是体操，江南各省流行日本体操，北方流行德国体操。①

近代中国体育的产生和发展与基督教青年会密切相关。吴蕴瑞认为，1904至1915年，是美国体育传入中国的时期，主要由教会学校和基督教青年会传入。青年会开体育训练班、组织运动会、提倡户外运动，为新式体育的传入做出了重要贡献。②

唐国安作为青年会的创始人之一，热心提倡体育运动，多次报道青年会及其他学校的体育情况，积极参与体育活动，不仅将体育视作学校教育的组成部分，更将体育运动视作一种新的生活方式。

1905年11月27日，上海基督教青年会举行第二次运动会。唐国安、颜惠庆等任裁判。③《南方报》对此有详细报道，称这次运动会是中国新生活的明证。值得一提的是，唐国安的夫人及其他上流社会女士出席了运动会，像主人翁一样为运动会提供茶点。运动会结束时，青年会主席王勋请伍廷芳夫人为获奖者颁奖，这是历史上第一场以一位中国女士颁奖作为结束的运动会。④此后几次青年会运动会都由女士颁奖，几成惯例。

同一天，三江师范学堂亦举行田径运动会。南京多个学堂派出学生参赛，每个参赛学堂都有自己的旗帜。2000多名学生穿着制服围坐在地上，休息时演唱爱国歌曲，表演时欢呼鼓掌。他们的表现表明中国人正在觉醒，在体育运动中表现出民族主义精神。⑤

---

① 吴蕴瑞：《三十五年来中国之体育》，商务印书馆编：《最近三十五年之中国教育》，《民国丛书》第2编第45册，上海：商务印书馆，1931年，影印版，第225—228页。

② 吴蕴瑞：《三十五年来中国之体育》，《最近三十五年之中国教育》，第228—230页。

③ "The Chinese Y. M. C. A. Sports", *South China Daily Journal*, 28th November, 1905, 第5页西文。

④ "Evidence of the New Life in China", *South China Daily Journal*, 2nd December, 1905, 第5页西文。

⑤ "Field Sports at Sankiang Normal College, Nanking", *South China Daily Journal*, 8th December, 1905, 第5页西文。

　　值得注意的是，这所官办学堂的运动会居然邀请一群女学生出席。她们和男学生一起坐成圆圈，似乎表明性别平等在中国并不遥远了。并且，这所官办学堂还邀请教会学校的学生，像对待兄弟一样友好接待他们。这似乎表明宗教宽容开始有成果了。唐国安认为，无论是否信仰基督教，大家都是中国人。他希望真正的爱国主义精神最终能够消除误解和宗教偏见，促进相互尊重和欣赏。①

　　1906年6月9日，青年会举行夏季运动会。这是青年会举行的第3次运动会。《南方报》对此也有报道。此次运动会约有2000人参加，中外官员都有到场，也有女士参加。有5所学校参赛，分别是圣约翰学校、高等实业学堂（原南洋公学）、英华学校、上海高等学堂以及青年会学校。圣约翰学校以66分高居榜首，青年会学校以26分位列第二。运动会由沈敦和夫人颁奖。②

　　1906年12月1日，基督教青年会举行第四次运动会。这次运动会约有5000多人参加，还有不少围观者。唐国安仍任裁判。有12所学校派代表参赛，包括上海的一所日本学校。他们派出4名代表。天足会学校和其他女学生也来观赛。这次运动会还是圣约翰学校得分最多，由唐国安的夫人关月桂颁奖。③

　　1906年12月8日，上海复旦公学举行运动会，唐国安担任裁判。④

　　中国最早的运动会多由教会学校和青年会举办。它们在传播近代体育运动中发挥了重要的作用。唐国安作为青年会成员，积极参与青年会及其他学校举办的运动会，多次任裁判，利用《南方报》宣传体育运动，希望体育运动能够融入人们的日常生活，活泼精神，增强体魄。

---

①　"Field Sports at Sankiang Normal College, Nanking"，*South China Daily Journal*，8th December, 1905，第5页西文。

②　"The Chinese Y.M.C.A. Sports"，*South China Daily Journal*，11th June, 1906，第4页新闻。

③　"The Chinese Y.M.C.A. Sports"，*South China Daily Journal*，3rd December, 1906，第4页西文。

④　"The Fu-Tan College Sports"，*South China Daily Journal*，10th December, 1906，第4页西文。

# 小　结

　　唐国安是基督徒，热心社会改良。19世纪末20世纪初，恰逢受社会福音运动影响的基督教青年会传入中国，与唐国安改良社会的愿望一拍即合。他积极参与青年会事业，是上海、香港和北京青年会的筹办人。同时，作为《南方报》英文版主编，他借助《南方报》宣传和改良社会风俗，传播新思想和新观念。当时上海很多进步的社会组织与青年会有密切联系，如寰球中国学生会、天足会等。借助青年会这个平台，唐国安加入多个社会组织，参与不同领域的社会改良，包括破除风水迷信、废止缠足、禁烟、提倡体育运动等。通过这些社会组织和社会活动，他拓展社交网络，结识上海各行各业的头面人物，积攒宝贵的人脉资源，为以后的工作打下了良好基础。

# 任职外务部

1907年7月，唐国安调任外务部储才馆主事，开始参与外交活动。凭借优秀的语言能力、与洋人的交往经验以及对中外国情的深入了解，他多次在重要外事活动中出任翻译和代表，出色地完成外交任务，在外交上崭露头角。

## 第一节

# 参与外交活动

### 一、欢迎美国陆军部长塔夫特

1907年10月，美国陆军部长塔夫特访问上海。塔夫特此次访华，是在结束对日本的访问之后，前往菲律宾之前。有研究者指出："此番亚洲之行，是1905年美国调停日俄战争后积极进入亚洲事务的重要表现，对于中美关系而言，则是1905年粤汉铁路交涉和抵制美货运动后，美国高层官员第一次访华，意在修补中美关系。"①

上海政绅商学各界对塔夫特的来访非常重视。早在8月28日，《申报》就报道上海各界代表准备如何欢迎塔夫特。唐国安、唐元湛、颜惠庆等人考虑到中美关系一向友好，美国主动减收庚子赔款，在淮海天灾中给予中国帮助，且中国商学两界赴美者日多，塔夫特本人又优待华人，中方有必要举行隆重的欢迎仪式。唐国安等人邀请官绅商学各界于8月31日下午4时在上海靶子路赵家花园商议如何欢迎塔夫特。②

熊月之指出："19世纪中后期，上海地方官员与租界在接待外宾方面的合作，基本上是礼节性、参与性的，多以租界为主。到20世纪初年，情况有

---

① 李爱丽：《晚清美籍税务司研究：以粤海关为中心》，天津：天津古籍出版社，2005年，第174—175页。

② 亮：《预备欢迎美国兵部大臣》，《申报》，1907年8月28日，第18版。

所变化，上海地方政府开始与租界联合接待外宾。"此次接待塔夫特即是上海地方政府与租界联合接待外宾的典型案例。[1]

1907年10月8日早晨，塔夫特及其夫人乘邮船由日本抵吴淞，转乘美舰抵达上海，只在上海停留一天，次日离沪赴港。

下午2时，中国青年会举行欢迎仪式。除塔夫特外，美国和公共租界方面出席者有：美商中华协会（America Association of China）主席、中国青年会执行主席马士（Hosea Ballou Morse）、美国驻沪总领事田夏礼（Charles Denby）、上海大美国按察使衙门（即美国设在上海的法院）首任按察使威尔拂雷（L. R. Wilfley）、沃克（A. J. Walker）牧师；中国方面出席者有：两江总督端方的代表、唐国安的远房亲戚唐元湛，江苏巡抚代表、上海道瑞澂，上海地方士绅朱葆三等。[2]

先由青年会会长王勋宣读欢迎祝词，次由路义思宣读江苏巡抚、总税务司赫德等人的贺电，再由唐元湛和瑞澂选读颂词，接着马士发表演说并向塔夫特行接受钥匙礼。礼毕，王勋起身介绍塔夫特。随后，塔夫特发表演讲，主题为青年会的宗旨及利益。[3]

下午3时，塔夫特演讲完毕，青年会欢迎仪式结束。沈敦和等上海各界人士代表前往愚园，准备欢迎塔夫特。中西来宾计300多人。唐国安和夫人到场。会场用五色彩绸做装饰，布置十分华丽，门口有两个英国巡捕验票。原定流程如下：

音乐

开会

---

① 熊月之：《待客之道：从外事活动看近代上海华界与租界关系》，《学术月刊》，2004年第7期。

② 熊月之：《待客之道：从外事活动看近代上海华界与租界关系》，《学术月刊》，2004年第7期。

③ 《美国兵部大臣达夫提君演说文》，《通问报：耶稣教家庭新闻》，1907年第270期，第37页。

演说　南洋大臣代表唐露园观察

音乐

演说　上海道瑞观察

音乐

演说　美国驻沪按察司

音乐

演说　并赠纪念物　沈仲礼观察

演说　美国兵部大臣

闭会　茶点[①]

据《申报》次日报道，流程有所调整。4时10分，塔夫特携夫人莅临会场；美国总领事和武员三人随同赴会；萨镇冰领导的中国海军乐队演奏美国国歌。进门后，有人摄影。塔夫特入座后，沈敦和和唐元湛先后用英文发表欢迎演说，瑞澂用中文发表演说。接着，由唐元湛的女儿和徐润的孙女向塔夫特赠送一件纪念银器。塔夫特受礼后，起身发表演说，称此次来访受到优待十分开心，足以证明中美两国的友谊。曾子安代为翻译。演说完毕，宾客们享用茶点，伴有乐队演奏。除海军乐队外，还有工部局西乐队和振华军乐队。[②]

愚园的欢迎会，由于塔夫特携夫人出席。唐国安等人也携懂英语的女眷出席，并请不少女学生作为招待员。[③]

晚上，美国人在礼查饭店（Astor House）举行盛大的宴会，招待塔夫特等人，主客共230人。宴会厅高悬中美两国国旗，主客共分7桌，中外人员混席而坐。唐国安应该出席了宴会。会上，塔夫特发表长篇演说，阐释美国门户开放政策，评论中美关系，褒扬美国人在上海的贡献。[④]

---

① 《欢迎美大臣》，《申报》，1907年10月8日，第5版。
② 颖：《欢迎美国大臣开会详纪》，《申报》，1907年10月9日，第4—5版。
③ 《声明》，《申报》，1907年10月13日，第1版。
④ 熊月之：《待客之道：从外事活动看近代上海华界与租界关系》，《学术月刊》，2004年第7期。

## 二、充当袁世凯翻译

1908年4月，美国《纽约时报》记者米拉德（Thomas F. Millard）采访袁世凯。唐国安任翻译。米拉德是唐国安的旧相识，问唐为何不穿西服改穿中式服装。唐国安回答说北京风气相对保守。[①]

在采访中，袁世凯频频向美国释放友好信号。袁世凯说，其本人一直期待能够访问美国，在所有未访问过的国家中，美国最吸引他。这也许是因为他周围有很多在美国接受教育的年轻人，如唐国安、唐绍仪、颜惠庆等。并且，袁认为"受美国教育的清国人，比受欧洲教育的更能容易地将他们所学到的知识运用于我们国内的管理"；美国政府的基本规则也与清朝政府极为相似。[②]

对即将到来的美舰访华，袁世凯表示欢迎。他说，清朝多次被外国用武力威胁过。这是外国舰队对中国的第一次友好访问。清朝从中感受到美国的友谊和重视，将这一事件视作中国对外关系的转折点。[③]

对于中美关系，袁世凯表示，两国关系非常重要；美国从未试图以武力攻击中国，一直是中国的朋友；如果在不远的将来，清朝在关系到国家主权和领土完整的严峻时刻必须挺身抗争的话，期待并信赖美国能够为保护中国的权利在国际上施加友善的影响。[④]

尽管中美关系此前因收回粤汉铁路和抵制美货运动等受到影响，但由于美国提议退还庚子赔款，美国的舰队即将友好访华，两国关系有所回暖。因此，袁世凯在采访中不断向美国释放善意。

更重要的是，袁世凯希望美国在收回东北主权这个问题上帮助中国，即

---

[①] 郑曦原等编译：《帝国的回忆：〈纽约时报〉晚清观察记》，北京：生活·读书·新知三联书店，2001年，第140页。
[②] 郑曦原等编译：《帝国的回忆》，第142页。
[③] 郑曦原等编译：《帝国的回忆》，第145页。
[④] 郑曦原等编译：《帝国的回忆》，第144页。

"在关系到国家主权和领土完整的严峻时刻"，"美国能够为保护我们的权利而在国际上善施影响"。

日俄战争后，双方签订《朴次茅斯和约》，不经中国同意重新分割东三省主权，日本取代俄国在东三省南部的地位。东三省局面更加复杂。

恰逢1906年德国为加强在华地位，提议中美德结盟。清政府鉴于日法、日俄相继订约，十分不安，接受了德国的提议，希望通过中美德结盟维护领土完整。清政府希望联合美国，借助美国的力量遏制日俄在东三省的扩张，避免东三省被瓜分。①

1908年11月，清政府派奉天巡抚唐绍仪作为专使出使美国，名义上是感谢美国退还庚子赔款，实际上有两个任务："一是联络美国财团，吸引美资支持创办东三省银行等开发东北计划；二是进一步试探中、美、德三国联盟问题。"②

中美德同盟的关键在于美国的态度。美国不想与英国和日本为敌，因此对德国的提议并不感兴趣。且在东北问题上，美国有自己的特殊利益，并不想因为中国与日本发生冲突。就在唐绍仪抵达华盛顿当天，美日达成《罗脱—高平协定》。美国为了维持对菲律宾等太平洋岛屿的统治，在中国问题上对日本作了让步，打破了清政府联美制日的幻想。③

在这次采访中，唐国安凭借娴熟的英文水平，把袁世凯的话翻译成地道的英语④，很好地完成了翻译工作。袁世凯对唐国安的翻译感到满意，邀请他充任袁家的英文家庭教师。⑤

---

① 德国提议中美德同盟的原因参见朱卫斌：《西奥多·罗斯福与中国：对华"门户开放"政策的困境》，天津：天津古籍出版社，2005年。
② 王绳祖主编：《国际关系史》第3卷，北京：世界知识出版社，1996年，第313页。
③ 美国的考量及与日本的交涉参见朱卫斌：《西奥多·罗斯福与中国》。
④ 郑曦原等编译：《帝国的回忆》，第145页。
⑤ 唐绍明：《清华校长唐国安》，第290页。

### 三、随使日本

1907年11至12月，为答谢日本伏见亲王来聘之礼，清政府派溥伦贝子为专使日本大臣，组团前往日本行答聘礼，同时考察日本政治。[①]考察团成员有李经方、曹菊林、冯国轩、唐国安、于鹏。唐国安任代表团英文翻译。[②]

1907年12月1日，考察团到达神户，受到日本的友好接待。伊藤博文之子为考察团向导。考察团所经之处，白天挂满鲜艳的彩旗，晚上灯火通明。[③]考察团向日本外务省转交清廷颁给伊藤博文、山县有朋的御笔书以及颁给西园寺公望等人的宝星奖章。[④]

12月5日，考察团到达东京。日本伏见溥恭亲王、宫内大臣田中光显、式部长等人在新桥车站迎接。天皇因感冒不能接见考察团。9日，考察团觐见明治天皇，敬呈国礼。天皇夫妇设宴款待，慰劳有加。礼毕，考察团回到使馆，在宫内大臣田中光显、式部长等人的带领下，连日参观大学堂、议院等机构，了解日本的政治运作。[⑤]

天皇夫妇特派侍从长送给考察团一个绣花围屏和镂花银盆，给随员颁发宝星。李清芬、冯国勋得四等旭日章，曹汝霖得四等瑞宝章，唐国安、毓彭得五等旭日章，书记生姜世奎得六等瑞宝章。[⑥]

18日，考察团由神户启程回国，22日抵达上海[⑦]，25日到达南京，是日

① "Prince Pu Lun", *North-China Daily News*, 22nd November, 1907, p.7.
② "Prince Pu Lun", *North-China Daily News*, 23rd October, 1907, p.7.
③ "Prince Pu Lun", *North-China Daily News*, 19th December, 1907, p.7.
④ 《专使日本大臣溥伦致外务部电》（1907年12月9日收），故宫博物院编印：《清光绪朝中日交涉史料》第72卷，1932年，第12页上。
⑤ 《专使大臣溥伦奏赴日报聘礼成并启程日期折》（1907年12月11日），《清光绪朝中日交涉史料》第72卷，第20页上。
⑥ 《专使日本大臣溥伦致军机处外务部请代奏电》（1907年12月12日收），《清光绪朝中日交涉史料》第72卷，第15页上。
⑦ 《专使大臣溥伦奏赴日报聘礼成并启程日期折》（1907年12月11日），《清光绪朝中日交涉史料》第72卷，第20页上。"Prince Pu Lun", *North-China Daily News*, 24th December, 1907, p.7.

会见两江总督端方，并于当天前往汉口，后经京汉铁路乘火车返回北京。[①]
考察团30日到达北京，次日上午觐见光绪皇帝和慈禧太后。[②]

### 四、接待美国舰队

1905年，西奥多·罗斯福连任美国总统，大力建设海军，组建大西洋舰
队和太平洋舰队。美国的海军实力虽然仅次于英国皇家海军和德国海军，但
其在亚洲的地位受到日本的挑战。日俄战争后，日本在远东和太平洋地区的
影响扩大，成为新兴的海权国家，威胁美国的利益。1907年，美国海军决定
派遣一支舰队进行环球访问，彰显其海上实力。

这支舰队由16艘精锐列舰和7艘后勤保障舰组成，分为两个分舰队，总
司令是罗比埃文斯（Robley D. Evans），官兵人数达1.4万人。

1908年3月22日，清政府驻美大使伍廷芳致电外务部，建议请美国舰队
访华。此时美舰正前往日本。次日，清廷致电南洋大臣端方，内言"美国舰
队环球游历，既有澳洲、日本等国邀请，我国亦当照请前来游历。除电复伍
廷芳照会美国外交部代为邀请外，希转提督萨镇冰酌量考虑何地相宜，预备
接待美国舰以访华。"[③]

4月30日，美国政府接受中国政府的邀请。美国舰队离开日本后，分
为两个舰队，原第一第二分队合为第一舰队，前往菲律宾；第三第四分队
组成第二舰队，由第三分队司令伊摩利（Emory Sperry）少将率领，前往
厦门。美国驻华公使柔克义（William Woodville Rockhill）照会外务部，
海军舰队司令伊摩利将带领第二队8艘装甲舰，于10月29日开至厦门，在

---

① "H. I. H. Prince Pu Lun", *North-China Daily News*, 28th December, 1907, p.7.

② "Prince Pu Lun", *North-China Daily News*, 1st January, 1908, p.7.

③ 屈春海：《1908年美国舰队首次正式访华》，冯伯群、屈春海主编：《清宫档案探秘》，
武汉：华中科技大学出版社，2018年，第327—328页。

厦门停泊6日。①这8只装甲舰分别是：伊摩利少将的座舰"刘易斯安纳"（Louisiana）号、"弗吉尼亚"（Virginia）号、"俄亥俄"（Ohio）号、"密苏里"（Missouri）号、施罗达（Seaton Schroeder）少将的座舰"喊士肯车心"（Wisconsin）号、"伊利诺斯"（Illinois）号、"肯塔基"（Kentucky）号、"凯尔利臣"（Kearsarge）号。②

中国政府邀请美国海军与中美两国的友好交往密切相关。此前中美经历了八国联军侵华、收回粤汉路权、抵制美货事件，关系紧张。适逢美国提出退还多收的庚款，发起举办万国禁烟会帮助中国禁烟，对中国释放友好信号，中美关系日渐密切，中国政府自然要有所表示。③

1908年9月27日，清廷派军机大臣毓朗和外务部右侍郎梁敦彦前往接待，闽浙总督松寿妥为照料，广东水师提督萨镇冰率舰队前往厦门迎接。随行人员有外务部郎中曾述棨、主事联治、直隶候补道严廷璋、广东候补知府周玺、候补知县唐国安、县丞胡有良等人。美国驻华公使馆派武官黎富斯作为美方代表，总税务司派四等帮办莫澜担任翻译。④唐国安成为接待官员中的一员。

中方隆重欢迎美舰。厦门虽为通商口岸，但是并不繁华，"地方街道逼窄，附近既无名胜，亦无宽展宴客之所，限于地势，必须早为设法布置。"为此，厦门划拨城外演武厅广场（今厦门大学运动场）为迎宾特区，新建一系列场馆及配套设施，包括主宴会厅、展览馆、剧院、售货处等。普陀寺也被列入迎宾范围。7月中旬，外务部特派专员外务部郎中谦豫、直隶候补道、招商局总办麦信坚到达厦门，会同厦门地方官员着手准备欢迎事宜。⑤

---

① 《美水师提督思拍立率领舰队至厦门停泊六日》（1908年4月30日），广西师范大学出版社编：《中美往来照会集（1846—1931）》第11册，桂林：广西师范大学出版社，2006年，第180页。
② 屈春海：《1908年美国舰队首次正式访华》，《清宫档案探秘》，第328页。
③ 《外交报》，1908年12月18日，第230期，张元济主编：《外交报汇编》第5册，北京：国家图书馆出版社，2009年，影印版，译report第一类，第9页。
④ 屈春海：《1908年美国舰队首次正式访华》，《清宫档案探秘》，第329页。
⑤ 戴海斌：《也说1908年美国大白舰队访问厦门——为马幼垣先生补充》，《史林》，2013年第6期。

端方和松寿指示：

美国舰队访华约在10月初期，现拟派司员谦豫、道员麦信坚（招商局总办）迅赴福建，并由闽派员会同前往厦门。相度情形、估计用款、应需各项事宜，会同该处地方官分头准备。所有用款应当在四十万两上下，由闽估定后电奏饬部筹拨。提督萨镇冰要先期到达厦门，指挥各员筹办一切。应在美舰队到厦门三个月前，在海关人员内请美国人马尔芬和美国驻闽领事馆内派一两人同往厦门商议接待办法。由南北洋海军内挑选快船数艘出港迎接美舰到来，从省内选派陆军一标到厦门，以壮军威，并负责武装防卫，保护来访的美国舰队官兵。修整地方街道、寺观名胜均加修茸、告诫居民美国海军官兵所到之处切勿喧扰。美国舰队应需食品、淡水等物均须认真接济。操场、运动场亦需预备。所有该处官商应搭建彩棚、彩坊。并修整美舰队停靠码头，张挂形色统一的龙旗，以彰国徽，而壮观瞻。①

为彰显国威和国力，清政府斥巨资在厦门南普陀寺前的演武亭广场修建豪华会场，安置电灯1000多盏。这是厦门历史上第一次使用电灯照明。②

为欢迎美国舰队，中方定制1万多面丝质绣旗，"一时纫者空肆"，招募女工协助。旗为黄色，上有龙鹰和红纹白星，以示中美国徽合而为一。美国报纸则画一地球，一个美国人在东，一个中国人在西，太平洋在中间，两人伸手横过太平洋，作握手状，以示中美两国友谊。当时有人作诗：龙飞光绪美鹰扬，忙煞缝裁布政郎。功在旂常能缩地，一声请请隔重洋。③

据统计，此次欢迎美舰活动总支出近60万两，远超40万两的预算。④

---

① 屈春海：《1908年美国舰队首次正式访华》，《清宫档案探秘》，第329页。
② 屈春海：《1908年美国舰队首次正式访华》，《清宫档案探秘》，第329页。
③ （清）李宝嘉：《南亭四话》，出版者不详，1925年，第265页。
④ 戴海斌：《也说1908年美国大白舰队访问厦门——为马幼垣先生补充》。

中方官员欢迎美国舰队（《寰球中国学生报》1908年第3卷第3期，全国报刊索引数据库）

9月27日，毓朗贝勒等奉旨前往厦门劳问。10月8日，唐国安随毓朗、梁敦彦、曾述棨乘火车沿京汉铁路南下。因晕车，唐国安不能前往拜见毓朗贝勒。到汉口后，众人改走水路，13日抵达南京后，继续坐火车南下，15日抵上海。在上海时，接厦门来信，"暴风雨淹没会场，一时不能修复"。毓朗和梁敦彦在上海逗留几天，23日才由上海乘海琛军舰前往厦门，26日抵厦。①其他人员可能先行前往厦门。据《申报》报道，10月17日，接待美舰大臣随员外务部郎中曾述棨、直隶候补道严廷璋、外务部主事联治、盐运使衔广东补用知府周玺、分省试用州同唐国安已到厦门。②《申报》不提毓朗贝勒和梁敦彦，可能与当时革命党在厦门活动有关。

1908年10月30日，美舰抵达厦门，比原定计划晚到一天，11月5日离开。此间，中方每天都安排了美味的食物和丰富的活动。

① 毓盈：《述德笔记》第6卷，出版者不详，1921年，第1—3页。
② 《申报》，1908年10月18日，第三张第3版。

30日美舰抵达厦门时，毓朗贝勒和梁敦彦登舰以示欢迎，并参观炮台。参观完毕，中国官员在接待处宴请美舰官员和各舰军士。会场准备多种游戏用具，任美国士兵比赛，并燃广东五色烟火助兴；室内演广东戏，设席宴客，从下午申时到午夜。①

厦门方面对此次活动有十分详细的安排和记录，以下是原定安排（由于美舰比预计时间晚到一天，部分安排有所调整）：②

30日，早晚演戏。上午9时半，踢球。中午12时半，以西餐招待官员兵士3000人。下午2时举行运动大会，5时半浙闽总督松寿颁发运动奖品。晚上7时，在大张华宴请官员兵士3000人。

31日，早晚演戏。上午仍踢球。下午1时，美提督在座驾舰宴请中国官员。2时半，美提督在座驾舰接见各国绅商。3时，赛艇游泳，5时半海军提督萨镇冰分赠赛艇奖品。6时角力比赛。7时仍在大张华宴请官员兵士3000人。

1日，早晚演戏。美国官员士兵自由游览。下午4时，在南普陀寺设茶会以便美国官员游览。

2日，早晚演戏。上午踢球。中午12时，鼓浪屿各国官商在总会接待中美官员。1时午餐。下午2时半，踢球。3时，中美官员前往鼓浪屿球场打球。5时，西国女士在鼓浪屿球场设茶会款待中美官员。晚上8时，美领事署宴请中美官员。9时，各国总会请官员及女士跳舞，事毕晚餐并燃放烟火。

3日，恭祝慈禧太后万寿，早晚演戏。上午踢球评定甲乙。11时半至12时半，中国官员在接待厅款待各国来宾。1时，厦门官绅商在南普陀寺公请美舰官员及各国领事午餐。下午2时半，打球评定甲乙。7时，设西餐盛宴款待美国官员及各国官商士兵5000人。晚上9时半，毓朗贝勒及梁敦彦分赠打球踢球奖赏金杯，大放烟火。

---

① 《厦门欢迎美舰纪念品目》，藏上海图书馆，出版者和出版时间不详。毓盈：《述德笔记》第6卷，第4页。
② 以下各日安排见《厦门欢迎美舰纪念品目》。

4日，美国舰队返航。

由于迟到一天，美舰实际于5日返航。是日，厦门工人向唐国安反映菲律宾华工所受的不当待遇。唐国安向毓朗贝勒反映情况，以求解决。[①]

很多贫苦华工前往菲律宾打工，还未登岸，便被美方以患眼疾为由逐回中国。这些人为了凑齐出洋路费，早已变卖家产，回到家，身无分文，家无恒产，想再出洋打工，又凑不齐路费，生计尽失。不少久居菲律宾的华工因回家探亲无法在规定时间内返回，被取消执照，无力再往。一言以蔽之，华工不便之处甚多。

唐国安陪同毓朗贝勒前往鼓浪屿面见美国领事，向其反应情况，商请美国修改相关规定。美领事答应电请美国政府。毓朗贝勒回京后，接到美领事公文及工人团体谢函，称相关问题已经得到解决：以后改在国内验眼，以便节省工人船费；假期时间延长至两年。

唐国安一向关心华人在海外的境遇，帮助菲律宾华工是其行动之一。《南方报》英文版多次刊布海外各地华工情况，呼吁关注华工权益，如《一位中国女士的演讲》（"An Address by A Chinese Lady"）、《移民华工》（"Emigration of Chinese Laborers"）、《南非华工》（"Chinese Labourers on the Rand"）、《华工的待遇》（"Treatment of Chinese Laborers"）等。

事毕，唐国安等随员陪同毓朗贝勒返京，1908年11月14日抵京。[②]同日，光绪帝驾崩。

事后，毓朗贝勒和梁敦彦请求朝廷赐给美舰军官伊摩利、施罗达等16人宝星。1909年2月20日奉旨允准。统领舰队海军副提督伊摩利、统领舰队海军副提督施罗达，赏头等第三宝星。战舰舰长鼐尔思、侯获、寇尔思、褒若、沙菩、赫勤士、毕立、戴义，美国驻华使馆随员邓格地等9人，赏二

---

① 毓盈：《述德笔记》第6卷，第5页。本段及以下两段出于此条材料。
② 毓盈：《述德笔记》第6卷，第6页。

等第二宝星。美国驻厦门领事阿讷尔，赏二等第三宝星。舰队中军旗官韩德孙、克烈文，美国驻华使馆武随员黎富思，美国陆军体操员守备威芬等4人，赏三等第一宝星。[①]

# 两度参加万国禁烟会

清末新政开始后，朝野上下均认为吸食鸦片与改革格格不入，禁烟的呼声日益高涨。继清廷宣布禁烟后，美国牵头召开万国禁烟会，讨论禁烟问题。唐国安本人与主张禁烟的美国教会人士多有来往，任《南方报》英文版主编时曾多次宣传禁烟，对禁烟有较为深入的了解，足以胜任万国禁烟会的中国代表。两次万国禁烟会是中国禁烟史上的重大事件，推动了中国的禁烟进程。

## 一、上海万国禁烟会中国专员

1906年9月20日，清廷颁布禁烟上谕，要求10年内禁绝鸦片[②]。于是，自上而下的禁烟运动在全国范围内开展。

1907年6月21日，美国驻华公使柔克义致电外务部，询问中国政府是否愿意派员与美、法、德、英、荷、日等东方有属地的6国代表共同考察运入

---

① 《美船来游厦门经请给伊摩利施罗达等人就宝星十六座并缮给执照送请转交祗领》（1909年3月17日），《中美往来照会集（1846—1931）》第11册，第327—328页。
② 《电传上谕》，《申报》，1906年9月23日，第2版。

中国及中国自种的鸦片。①外务部允其所请。柔克义拟定于1909年1月22日在上海举行会议。

清廷派两江总督端方赴沪督率开会。②外务部派道员刘玉麟、钟文耀、关景贤为会议专员。③后由于唐绍仪奏调钟文耀出洋,外务部改派时任外务部主政的唐国安为议员;④关景贤另有差使,改派道员徐华清为专员,另派外务部司员吴葆诚会同办理。同时,开会时间改为1909年2月1日。⑤

中国政府在会议前期作了比较充分的准备。两江总督端方致电各省督抚,要求各省确查过去两年禁烟及减种减卖实情⑥,并请各省派代表到沪。各地督抚先后回电,为此次大会提供详实的资料。截至1909年1月18日,除福建外,各省均已告知本省禁烟情况。⑦

中国会议专员抵沪。唐国安等人从北京出发,从秦皇岛坐船前往上海,1908年12月20日中午抵达上海,暂住旅馆。第二天先拜访上海道台蔡乃煌,再拜晤美总领事田夏礼,后访江海关税务司好博逊(H.E.Hobson)。

唐国安等专员确定会址。江海关税务司好博逊告知江海关有房屋11间可作会场,但缺少家具。唐国安等查看后认为办事房可用,只是缺少会议厅。

---

① 美驻华公使柔克义致外务部电文:《为本国外部询问是否愿与美英等六国共同考察运入中国及中国自种鸦片事》(1907年6月21日),李国荣主编,中国第一历史档案馆编:《晚清国际会议档案》第7册,扬州:广陵书社,2008年,第3570页。

② 《外部奏各国在沪会议禁烟请派员督率开会折》(1908年12月30日朱批),王彦威、王亮辑编,李育民等点校整理:《清季外交史料》第8册,长沙:湖南师范大学出版社,2015年,第3871页。

③ 委办沪宁铁路兼招商局事宜钟文耀致外务部申文:《为遵奉札饬充任会议员届期与各国所派之员会查鸦片事》(1908年6月28日),《晚清国际会议档案》第7册,第3578页。

④ 外务部致贝勒朗□等电文:《为已准钟文耀销去会查鸦片议员差使并改派唐国安事》(1908年10月22日),《晚清国际会议档案》第7册,第3589页。

⑤ 外务部致两江总督端方电文:《为改派徐华清等赴沪会议禁烟并会期改定西历明年二月一日事》(1908年12月15日),《晚清国际会议档案》第7册,第3591页。

⑥ 两江总督端方致各省督抚电文:《为会议需预备各种吸卖三问题希确查过去两年各省禁烟及减种减卖情形事》(1908年12月15日),《晚清国际会议档案》第7册,第3596—3597页。

⑦ 两江总督端方至闽浙总督松寿电文:《为各省禁烟情况汇表仅缺福建一省祈明确细目或示知大略情形事》(1909年1月18日),《晚清国际会议档案》第7册,第3718页。

经美国领事介绍，定汇中旅馆为会议地址。[①]汇中旅馆位于英大马路口，楼高五层，房屋宽敞。12月28日起，唐国安、刘玉麟、吴葆诚每日赴汇中旅馆办公，晚间返回寓所。[②]

能否实行鸦片专卖是中国政府关注的核心问题。

会议开始前，外务部和专员就此问题进行过多次磋商。中国能否实行专卖的关键外部因素是英国的态度。中国以及美国、日本等国都认为中国要想10年内禁烟，必须实行专卖。但英国部分人士担心中国实行专卖会损害英商利益。

外务部最初指示唐国安等不要主动提及实行鸦片专卖。端方则认为，如果英国阻拦中国专卖，中国必须声明10年内无法禁绝鸦片是因为不能实现专卖，责任不在中国，以免日后他国索偿减进之利。[③]后外务部指示，如果其他国家提及专卖，我方代表可视情况回应，但不可当场认定。因为专卖必须专买，考虑到国家财政不宽裕，度支部恐无力专买，所以不能当场答应，要预留后路，以免将来为难。[④]

针对外务部的种种顾虑，唐国安等专员从三个方面指出应该主动提议实行专卖：

理由之一，万国禁烟会是提议实行专卖的好机会。英国驻京参赞李智报告蓝皮书称中国禁烟非专卖不可。伦敦劝禁洋烟会宣布公函，称既然驻京参赞有此报告，则英国应对烟台条约进行通融，允许专卖。驻京参赞和伦敦劝禁洋烟会的发声及各国的支持，对英国施加了一定的压力，可借此机会推动专卖。另外，英国国内也对此有不同看法。目前英国执政党是进步党，支持

① 禁烟专员刘玉麟等致外务部丞参信函：《为上月二十七日抵沪并闻各省均将派代表祈统一事权事》（1908年12月25日），《晚清国际会议档案》第7册，第3617—3618页。

② 《万国禁烟会会所》，《申报》，1908年12月29日，第1张第5版。

③ 禁烟专员刘玉麟等致外务部丞参电文：《为应否相机表白我国禁烟所见请核示事》（1909年1月19日），《晚清国际会议档案》第7册，第3721—3722页。

④ 外务部致禁烟专员刘玉麟电文：《为如各国提及专卖我自可相机因应勿遽认定事》（1909年1月20日），《晚清国际会议档案》第7册，第3723页。

禁烟。中国可利用此绝好时机，提议专卖，经万国禁烟会员多数赞成，然后与英国极力磋商，使其屈于公理，终有就范之日。哪怕不能立时办到，也可为日后奠定基础。

理由之二，实行专卖是最有效的禁烟办法。中国是鸦片出产、行销最多，且受鸦片毒害最严重的国家，是与会各国最关注的国家。如果中国不提出自己的禁烟办法，不仅辜负美国的热心，更会为各国所轻视。之前中国制定了各项禁烟章程，各省也严格执行。然而中国幅员广博，很多政策难以真正实行。专卖是从源头上控制鸦片，是最有效的禁烟办法。一旦实行专卖，种罂粟的人不能瞒报，卖鸦片的商店不能私销，吸食鸦片的人必将减少。因此，中国有必要在会上提出自己的主张，专卖是最好的办法。何况，万国禁烟会不具有法律效力，只是研究性质，不必噤若寒蝉。

理由之三，鸦片专卖可以带来一定的收益。中国进口和国产鸦片年销20多万担，总值约2亿两。按日本在台湾制定的专卖章程，在原价基础上加两成销售，除必要费用外，尚余2000多万两，可以弥补税厘的损失。[1]

从1909年2月1日举行第一次大会到2月26日，大会共举行14次会议。唐国安作为中国专员列席会议，并充当中方的发言人。

1909年2月1日上午11时，上海万国禁烟会正式开会。各国代表会员、中西各报记者及各省与禁烟有关系的官绅均到场。两江总督端方宣读颂词并发表演说，表明欢迎各议员之宗旨。端方词毕即退，各议员欢送。下午议决三件事：一是各国议员推举美国议员勃伦脱（Charles Henry Brent）主教为主席；二是议定会中文牍全用英文；三是议事采用投票法，每国均为一票。晚间，中方尽地主之谊，于汇中旅馆招待各国议员及驻沪领事，开谈话会。端方并未出席，派道员温秉忠为代表陪坐，宣读英文颂词，慰劳各国

---

[1] 禁烟专员刘玉麟等致外务部丞参信函：《为详陈禁烟专卖办法可否准于会上相机提议或依英人禀词发议事》（1909年1月21日），《晚清国际会议档案》第7册，第3726—3730页。

来宾。[①]

当日接到江苏、广东、福建各省戒烟会、去毒社、地方自治会、商会、男女学界等电报函件20多份，大意均为欢迎开会及请缩短禁种土药、进口洋药年限。所有函件分别翻译成英文向各国议员宣读，以示中国民气踊跃，上下一心，誓除烟祸。同时，伦敦各教堂鸣钟颂祝默祷此次会议成功扫除烟毒，可见中外对于禁烟一事勠力同心。[②]

外务部特简万国禁烟会莅沪专员唐国安观察像（《青年》1909第十二卷第4期，全国报刊索引数据库）

2月2日，举行第二次会议，无议决事。[③]

2月3日和4日，各国代表各自研究章程，并未开会。[④]

2月5日，举行第三次会议。美国专员勃伦脱主教为主席，提议议事规则及举派干事员。[⑤]

2月8日，举行第四次会议。中国专员唐国安呈递鸦片问题报告，逐一陈明各条依据和出处，其他关于各处禁烟情形的附件不日可呈交会议。[⑥]

2月12日，举行第六次会议，中国专员唐国安因病不能参会，《申报》评论"殊为憾事"。英国专员评议中国报告，要求对罂粟种植面积和各省吸

---

① 禁烟专员刘玉麟等致外务部丞参信函：《为详陈禁烟会议开会情形事》（1909年2月5日），《晚清国际会议档案》第7册，第3790—3791页。《详纪万国禁烟大会行开幕礼》，《申报》，1909年2月2日，第1张第3版。《续志万国禁烟会会议情形》，《申报》，1909年2月3日，第1张第3版。

② 禁烟专员刘玉麟等致外务部丞参信函：《为详陈禁烟会议开会情形事》（1909年2月5日），《晚清国际会议档案》第7册，第3791页。

③ 《禁烟大会杂记》，《申报》，1909年2月3日，第2张第4版。

④ 《万国禁烟大会纪事三》，《申报》，1909年2月5日，第1张第4版。

⑤ 《万国禁烟大会纪事四》，《申报》，1909年2月6日，第1张第4版。

⑥ 《万国禁烟大会纪事六》，《申报》，1909年2月9日，第1张第3版。

烟人数作明确的补充说明。①

2月15日，举行第七次会议。唐国安引用日本在台湾的报告，论证中国吸烟人数。英国专员所提其他问题，等材料到手再一一答复。②

2月18日，举行第八次会议。唐国安提议请各国专员调查最有效的戒烟办法，不用烟膏或同类药物能达到戒烟效果。会中就此问题进行讨论，并未决议，待下次开会继续讨论。③

2月19日，举行第九次会议。继续讨论唐国安提出的科学戒烟问题。英国专员西塞尔·克莱门蒂·史密司（Cecil Clementi Smith）对唐国安的提议表示认可，但考虑到参会代表中没有精通科学之人，认为唐国安提出的科学戒烟方法、药物性质、鸦片的影响和结果等问题不应在会中进行讨论，应交由政府办理。法国专员赞成史密斯的观点，认为这个问题应交由科学家和西学人员研究。德国及日本专员则支持唐国安的提议，认为会议不讨论这个问题是不完整的。④

2月24日，举行第十二次会议。唐国安就荷兰专员的议案进行批驳，并报告中国代表团决议书，就四项提案进行说明。⑤

2月25日，举行第十三次会议。唐国安向会议呈交中国代表团的四件决议书，会议就此进行讨论。一项提议被撤回，其他三项提议采纳美法专员的提议后修改通过。截至此次会议，所有议案已完成讨论，所有采用的决议书已交由各专员校阅，待下次会议核准。⑥

2月26日，举行第十四次会议。各国专员校阅会议决议书，全会通过后由各国专员交本国政府察阅，如果可以发布就公开刊布。会议纪要和各国

---

① 《万国禁烟大会纪事八》，《申报》，1909年2月13日，第1张第4版。
② 《万国禁烟大会纪事九》，《申报》，1909年2月16日，第1张第3版。
③ 《万国禁烟大会纪事十》，《申报》，1909年2月19日，第1张第3版。
④ 《万国禁烟大会纪事十一》，《申报》，1909年2月20日，第1张第5版。
⑤ 《万国禁烟大会纪事十三》，《申报》，1909年2月25日，第1张第3—4版。
⑥ 《万国禁烟大会纪事十四》，《申报》，1909年2月26日，第1张第4版。

代表提交的报告不日可印发。①中国代表团将会议公决九款译成中文，交由《申报》刊布。

此次万国禁烟会，各国议员热心研究禁烟问题，主席勃伦脱主教大力支持中国议案。此次会议公决可作为中国以后禁烟发议的基础。

在整个大会中，唐国安作为中国代表团发言人，出

上海万国禁烟会开幕（《寰球中国学生报》1909年第3卷第4期，全国报刊索引数据库）

色地完成了报告、评议、答辩及提案陈述等工作。为促成大会通过中国代表的提案，在最后一次会议上，唐国安发表了8000多字的英文演说，阐明中国的禁烟主张，在国内外引起广泛影响。《字林西报》全文发表唐国安的英文演说词，中国基督教青年会会刊《青年》刊登了中文译本。

唐国安的演说广受好评。《字林西报》评这篇演说是"一份杰出的、逻辑性很强的报告"②。《申报》称之为一篇有说服力的演讲。《泰晤士报》称唐国安英语一流，简洁明了。孔宪立为唐国安作传，称其演说"词严义正，慨当以慷，且与亚列斯多德所论演说要旨，若合符节"，"诚得亚氏之三味"。③唐国安的演说被《泰晤士报》以电报的形式传至英国，被译成多种文字广泛发行。1909年10月，《泰晤士报》报道唐国安率"庚款"留学生赴美时，再度提及其在会议上的表现，称其在捍卫国家行为上表现出众，博得一致喝彩。④

---

① 《万国禁烟大会纪事十五》，《申报》，1909年2月27日，第1张第4版。
② "The Opium Commission", *North-China Daily News*, 2nd March, 1909, p.6.
③ 孔宪立：《前北京清华学校校长唐介臣先生传》，严桢译，《中华教育界》1913年第8期。
④ 唐绍明：《清华校长唐国安》，第313页。

唐国安的演说在基督教圈子里也产生巨大反响。冯德磊（Rev. W. H. Findlay）牧师认为，"无论是从道德层面来看，或是从一个伟大人民的过去和现在的国际关系来看，或是从包含自豪和谦虚在内的爱国主义来看，或是从心灵的宽宏大度来看，或是从高雅的表达口才来看，这篇精彩的演讲堪与西方政治家的最高功力相比肩"。①上海基督教青年会秘书长洛克伍德（William W.Lockwood）牧师评论道："他那优雅而富激情的演说，表达了中国需要向列强提出的诉求。他通过精彩的英语和印刷传播，使之遍及英国和欧洲。他在促使英国政府在对华鸦片贸易上采取限运政策所做的努力，也许要比其他人多得多。"②

## 二、禁烟主张

唐国安在万国禁烟会最后一次会议上发表的演说指出，鸦片问题是中国面临的最急迫的道德和经济问题。③

作为道德问题，吸食鸦片得到了国内外社会的普遍关注。国人对鸦片深恶痛绝。哪怕是鸦片贸易的最大受益者英国，国内也有不少人谴责鸦片贸易。英国下议院早已认定鸦片贸易在道德上是站不住脚的，但是不少利益相关方以中国人贫穷软弱作为鸦片贸易正当性的借口。反对者认为，不道德的鸦片贸易有损英国人的高贵品质，给英国人带来了无法估量的痛苦。不论如何，都应该禁止鸦片贸易。

禁烟同时是一个经济问题。据唐国安统计，1906年中国土药生产量至少达到584800担，估价2.2亿两银子。加上进口的3000万两洋药（1905年的数字），中国人一年花费2.5亿两银子购买鸦片。如果将现在种罂粟的土地改种小麦或其他粮食和经济作物，每年至少有1.5亿两银子的产出。综合起来，

---

① 宝复礼：《三十年后中国的黎明》，转引自唐绍明：《清华校长唐国安》，第313—314页。
② 宝复礼：《三十年后中国的黎明》，转引自唐绍明：《清华校长唐国安》，第314页。
③ "The Opium Commission"，*North-China Daily News*, 1ˢᵗ March, 1909, p.5.本段及以下几段材料均来自此篇报道。

每年中国因为鸦片损失4亿两银子。经过调查，全国有2500万人染上烟瘾。假定身体强壮时每人可赚0.2两银子，染上烟瘾后少赚1/4，那么全国每天将损失12.5万两银子，每年损失4.5625亿两银子。对于中国当时的生产能力来说，这是一笔难以承受的巨大损失。唐国安以这样的方式估算鸦片对中国经济造成的损失，忽略鸦片贸易带来的经济利益，虽然有不全面的地方，但也足以表明，鸦片确实对中国经济有非常不好的影响。

鸦片不仅有损中国经济，也影响世界经济。1905年中国进口贸易总额超过4.47亿两，人均2先令5便士，而日本人均进口贸易额是15先令10便士，相当于中国的7倍。中国市场对外国商品的需求不断增加，1903年以前中国入超约为31%，1904年达到43%，到了1905年居然达到了95%。但是，因为中国民众将大量的钱用于吸食鸦片，对其他商品的消费能力不高。中国人口众多，且增长潜力大，对世界来说，是一个广阔的贸易市场。如果中国因为鸦片丧失发展能力，将是世界经济的损失。

禁烟问题更关系到中国的改革和进步。列强希望中国成为一个现代化国家，而鸦片是中国改革的阻碍。《申报》曾发表社论论述禁烟和立宪的关系，指出鸦片有害体魄，有损财政，"鸦片一日不绝，则立宪一日不成，而中国亦一日不可救"。①唐国安也认为，中国的改革与鸦片问题有密切的联系，中国应该借助民众对禁烟的热情推进禁烟运动。

唐国安认为，中国有能力解决鸦片问题，但需要外国的协助。他明确表示，禁烟是中国的问题，只能靠中国自己解决。朝野上下、全国各地都关注禁烟问题，社会各个阶层——官员、学人、士绅、农民，乃至最底层的劳动者，团结一致，决心禁绝鸦片。虽然禁止鸦片贸易会减少政府税收，带来一些难题，但是，在民众普遍的爱国主义情感的支持下，一切困难都不是问题。自1906年9月20日禁烟上谕颁布以来，各地禁烟卓有成效，充分表明中国有能力在10年内禁绝鸦片。但是，现有的中外条约有碍中国禁烟。按照中

---

① 廖：《论戒烟与立宪之关系》，《申报》，1906年10月6—7日，第2版。

国政府的计划，将于10年内禁止鸦片进口，但这一举措需要得到条约国家的支持。

禁烟需要科学的调查和研究。会议主席勃伦脱主教称中国的戒烟运动已经过感情阶段，进入科学阶段。[①]唐国安认为，应该调查鸦片对各方面的影响，不仅包括对国力的影响，还有对身体、心理、性格等方面的影响。只有经过充分、科学的调查，才能知道鸦片到底给中国带来了怎样的影响，应该如何有效地禁绝鸦片。会上，唐国安请各国专员调查最有效的戒烟办法，分析药物性质，研制出不使用烟膏或同类药物的戒烟药物。这成为会议公决中的一个条款。

### 三、振华戒烟会董事

随着清廷颁布禁烟上谕，禁烟运动开展得如火如荼，各地组建戒烟会，推出各式各样的戒烟办法和戒烟药。《南方报》上刊登了很多戒烟药广告。

上海文明戒烟社是其中影响比较大的戒烟社。1905年10月，文明戒烟社在上海成立，"集热血同志成固结团体，合群策群力，发惟新思想，制成文明戒烟丸"，以振兴国力为宗旨。[②]该社延请中西名医，详细讨论，试验出有效的戒烟药——文明戒烟丸。[③]文明戒烟社成立后，迅速扩张，一年后，在100多个城市和地区设立文明戒烟丸分售处。[④]

唐国安素来致力于禁烟运动，和同人组织戒烟社，推行戒烟药。

1908年春，经过德国医生克礼在新马路同济医院的试验，伯伟士先生经营的美国戒烟药成功帮助二三十人戒烟，且没有后遗症。唐国安和伯伟士联合天津士绅在天津创设振华戒烟会公司，唐国安任董事。民政部派吸烟官员前往试验，均药到病除。

①　"The Opium Commission", *North-China Daily News*, 3rd February, 1909, p.7.
②　《上海创办文明戒烟社会宗旨》，《申报》，1905年10月5日，第5版。
③　《文明戒烟丸功效服法说》，《申报》，1905年10月6日，第5版。
④　《文明戒烟社外埠分售处》，《南方报》，1906年9月23日，第4页新闻。

1909年初，振华戒烟公司在上海分设振华戒烟会，地址在天妃宫桥东堍北苏州路37号洋房，由克礼医生督理一切。该公司在《申报》《大公报》等多家报纸刊登戒烟广告，宣传该会戒烟药。①

### 四、担任海牙万国禁烟会中方代表

美国组织召开第二次万国禁烟会。1909年10月28日，美国领事馆参赞丁家立函送美国外务部寄来的禁烟议会通告文件，并于11月5日将美国政府所颁禁烟办法送外务部。美国政府考虑到鸦片问题的重要性，提议在海牙或其他地方择期举行万国禁烟会。与会各国派代表一人或多人参会，目的是将上海万国禁烟会公决条款及其结果订成有国际法律效力的约章，各国共同遵守。会议并试拟14条待商议条款，请各国审核。各国在1910年1月11日之前告知其他国家本国认为特别重要的问题和意见，以便缩短会议时间。美国也可按照各国意见办法预先拟定章程。②

1910年7月25日，荷兰驻京使臣贝拉斯（Jonkheer Frans Beelaer ts Van Blokland）接到荷兰政府电谕，告知海牙万国禁烟会将在1910年9月13日举行。外务部请派右丞刘玉麟为全权大臣赴会。③

开会日期一再变动。会议原定在1910年9月13日举行，后荷兰政府改于1911年5月30日开会。因1911年6月中国与会代表刘玉麟将作为出使英国大臣参加英国国王乔治五世举行加冕典礼，不能参与会议，清政府拟将会议推迟至1911年7月1日。同时，考虑到中国和英国与禁烟问题关系最为密切，刘玉麟为驻英使臣，留英与英国政府接洽更为妥当，另派出使德国大臣梁诚为

---

① 《最妥最善戒烟捷法振华戒烟会》，《申报》，1909年2月4日，第1张第6版。。

② 外务部致禁烟大臣等咨文：《为录送美外部禁烟议会通告请将统筹之方派员之处核复事》（1909年11月5日），李国荣主编，中国第一历史档案馆编：《晚清国际会议档案》第10册，扬州：广陵书社，2008年，第5302—5303页。

③ 外务部致民政部咨文：《为荷兰开设万国禁烟公会请派大员前往事奏折》（1910年8月30日），《晚清国际会议档案》第10册，第5316—5318页。

全权代表。①荷兰政府最终将开会日期定为1911年12月1日。外务部考虑到禁烟会议事关重大，奏请增派外务部主事唐国安、陆军协参领军医学堂会办伍连德、外务部候补主事胡振平、署总税务司处襄办汉文书记官葛枚士参会。另由度支部拣派研究所评议员、翰林院编修嵇苓孙会同前往，前牛庄关税务司柯尔乐前往协助。前定赴会之驻荷兰代办使事唐在复已调往俄国，改派现任驻荷兰参赞代办使事章祖申随同与会。②

度支部提议请赏给参会代表宝星。度支部告知外务部，派员参加各国保和、卫生等国际会议，外务部派员可请赏宝星。③外务部即上奏请赏宝星，以昭郑重。外务部右参议颜惠庆赏二等第二宝星，外务部主事唐国安赏第三等第一宝星。④

此次海牙万国禁烟会于1911年12月1日开幕，会期一个多月。会上，中国代表提出5条议案，要求各国协助禁止私运鸦片及他药料前往中国，禁止无执照之私售，关闭外国租界烟馆。议案经会议讨论后通过。⑤

1912年1月23日，会议通过《各国禁烟公约》，共6章25条。各国从荷兰政府处收到文件1年后生效。德国、美国、中国、法国、英国、意大利、日本、荷兰、波斯、葡萄牙、俄国、暹罗等12国代表共同签署。梁诚作为中国全权代表签字。⑥

---

① 外务部致民政部咨文：《为荷兰万国禁烟公会展缓拟请改派大员事奏折》（1911年4月20日），《晚清国际会议档案》第10册，第5323—5324页。

② 庆亲王奕劻奏折：《为荷兰禁烟会改定开会日期现拟添派赴会人员事》（1911年11月3日），《晚清国际会议档案》第10册，第5335—5337页。

③ 度支部致外务部丞参信函：《为派员莅临万国禁烟公会如须具奏或请赏宝星本部拟会同照办事》（1911年10月12日），《晚清国际会议档案》第10册，第5325页。

④ 外务部奏片：《为赴海牙禁烟会之员宜佩戴宝星请允准赏给颜惠庆等人事》（1911年10月14日），《晚清国际会议档案》第10册，第5326页。

⑤ 《译电》，《申报》，1911年12月22日，第1张第4版。

⑥ 《各国禁烟公约》（1912年1月23日），王彦威、王亮辑编，李育民等点校整理：《清季外交史料》第9册，第4474—4480页。

# 小 结

　　进入外务部后，唐国安参与了一系列重要的外交活动，包括随梁诚参与中美关于退还多收庚款的交涉，欢迎美国陆军部长塔夫特，为袁世凯充当翻译，接待美国舰队，两次作为中国代表参加万国禁烟会等。在这些活动中，唐国安充分利用语言优势、与外国人的友好关系以及多年来对中外国情的了解，出色地完成翻译工作，代表中国与外国进行交涉，维护了中国的国家利益。可以看到，唐国安参与的大部分外交活动与美国有关，很可能得益于其留美经历及其与美国在华人士的交往。中国基督教青年会是在北美青年会的指导下创建的，北美青年会派出了很多工作人员来华。这些宗教界人士对中美两国都有影响，且参与了不少中美事务，如万国禁烟会、美国退还庚款等。唐国安与他们的友谊有助于其处理中美外交事务。

# 教育思想的形成

在近代中国，教育救国是一股非常有影响力的思潮。教育家和非教育家都参与教育救国的讨论，提出很多教育主张。唐国安也是其中一员。得益于特殊的教育背景、工作经历和丰富的社会活动，唐国安对教育救国有自己独特的看法，形成了自己的教育思想。

## 第一节

# 教育救国

### 一、支持立宪

庚子事变后，清政府面临巨大的统治压力，不得不实行变法。但是，这一时期的变法仍是在清王朝的封建专制统治下进行，并不涉及政体。虽有部分官员主张实行君主立宪，民间有康有为、梁启超等宣传君主立宪思想，不少民众也转向立宪，但是，立宪并不是清政府的官方主动行为。

1904至1905年，日俄战争日本的胜利刺激了中国的立宪力量，立宪运动走向高涨。日俄战争后，东三省主权受到严重威胁，立宪被视为解除民族危机的出路。[1]

清政府在内外交迫的环境下，派五大臣出洋考察。考察团在日本兵分两路，载泽、尚其亨、李盛铎考察英国、法国和比利时；端方和戴鸿慈考察美国、德国、奥匈帝国、俄国、意大利，游历丹麦、瑞典、挪威、荷兰、瑞士，两队人马在布鲁塞尔碰头，一同回国。

唐国安非常赞赏清政府派人出洋考察。他指出，国家派代表团出洋考察并不是什么新鲜事，即使是国力相同的国家，也会派代表团去国外进行考

---

[1] 侯宜杰对此有详细论述。参见侯宜杰：《二十世纪初中国政治改革风潮：清末立宪运动史》，北京：中国人民大学出版社，2011年。

察学习，如英国派人到美国学习如何改善工人的生活条件以及先进的制作工艺，美国人派代表团到欧洲学习艺术和最新的科学成果。他为政府这一认真严肃的行为感到非常高兴。[①]他希望五位大臣在考察西方的政府和社会后，能够给中国正确的、彻底的改革提供新思想和新力量，并对五位大臣做了简要介绍。[②]

毫无疑问，唐国安本人是支持立宪的。《南方报》英文版曾刊登一篇投稿文章，旗帜鲜明地指出立宪是挽救清王朝的唯一办法。中国经历数十年的内忧外患，如果还不实行宪政，终有一日会沦为其他国家的附庸。在专制政府统治下，国家是没有活力和扩张能力的，有识之士的才能也无法施展。相反，在宪政政府治下，人民有机会表达自己的观点，能够唤醒麻木迷茫的同伴。因此，中国改革的首要任务是实行宪政。[③]

唐国安呼吁留学生们保持对国家的忠诚。他说，慈禧太后已经表示将来要颁布宪法，并采取了很多改革措施，包括任用留学生、改革官制等，还派出代表团出洋考察。国家正在向好的方面发展。受过外国教育的开明人士，应该改变过去对统治者的不满和反对态度，不要采取暴力的反对手段，要忠诚于国家，和统治者一起，为伟大的目标努力。[④]

1906年9月1日，清廷颁布仿行立宪的上谕，认为时至今日，非仿行立宪不可。由于中国目前"规制未备，民智未开"，不能操之过急，要先"廓清积弊，明定责成"。从官制入手，厘定法律，再"广兴教育，清理财务，整饬武备，普设巡警"，使"绅民明悉国政，以预备立宪基础"。经过数年预备，粗具规模后，再确定并宣布立宪的期限。要求"各省将军、督抚晓谕士庶人等发愤为学，各明忠君爱国之义，合群进化之理"，"尊崇秩序，保守

---

① "The Commissioners", *South China Daily Journal*, 9th January, 1906，第5页西文。

② "The Travelling Commissioners", *South China Daily Journal*, 29th December, 1905，第5页西文。

③ "A Student's Views on Constitutional Government", *South China Daily Journal*, 31[th] July, 1906，第4页新闻。

④ Tong Kai son, "An Appeal to China's Foreign Educated Men", 《寰球中国学生报》，1906年第1卷第1期。

平和"。①当天，《南方报》称已收到清廷将颁布仿行立宪上谕的消息，正焦急地等待公布。②

仿行立宪上谕颁布后，各地举行盛大的庆祝仪式，上海于9月16日举行恭祝立宪大会。此次大会由南方报馆、申报馆、同文沪报馆、中外日报馆联合举办，借张叔和的味莼园为会址，到会者1000多人。会上，先由报馆公会代表报告大意，宣读祝词，次由郑孝胥和马相伯发表演说，再由施则敬代读上海道瑞澂的颂词，最后由同文沪报馆的文廷华代各报馆宣读答词，期间伴有奏乐、演剧等娱乐活动。③

唐国安作为南方报馆的英文版主编，应该参加了大会。《南方报》中文版刊登了公会代表的祝词、郑孝胥的演说、瑞澂的颂词和报馆的答词，英文版则转述了郑孝胥和马相伯的演说及瑞澂的祝词。④

仿行立宪上谕颁布后，清廷陆续推行多项改革措施。《南方报》对此有诸多报道，特别关注官制改革、军队改革和地方自治。

尽管立宪是大势所趋，但是仍面临不少的问题。

首先是保守势力的反扑。1905年废科举，"在教育上解除了儒学与国家的制度化关联，其结果之一是文庙中孔子身上的光环更为暗淡"。为重振孔子教化人心的统治功用，强化百姓的忠君观念，清廷将教育宗旨定为"忠君""尊孔""尚公""尚武""尚实"，孔子所代表的儒学仍是根本的治世之道。⑤

1906年11月，刑部主事姚大荣上折请求将文庙祀典升格，请朝廷"实行尊孔主义"，将"尊孔"提到"主义"的高度。慈禧太后也认为，"升文

---

① 《宣示预备立宪先行厘定官制谕》（1906年9月1日），故宫博物院明清档案部编：《清末筹备立宪档案史料》上册，北京：中华书局，1979年，第44页。

② "China in Transformation", *South China Daily Journal*, 1ˢᵗ September, 1906, 第4页新闻。

③ 《纪报馆公会开会恭祝立宪事》，《南方报》，1906年9月17日，第1页新闻。

④ "Speeches at Sunday's Celebration", *South China Daily Journal*, 18ᵗʰ September, 1906, 第4页新闻。

⑤ 李俊领：《清末文庙祀典升格与人心失控》，《史学月刊》，2012年第5期。

庙祀典为大祀对于推行新政、培育新式'人材'是有利而无弊的思想强化举措"。①1906年12月30日，清廷颁布上谕："孔子至圣德配天地，万世师表，允宜升为大祀，以昭隆重。"②

唐国安认为，这一举动是为了安抚那些厌恶西方教育和西方文明、不满废科举的旧式官绅学者，实际上是将儒家思想立为国教，遏制西学在中国的影响。这意味着保守势力和反动势力对进步势力和立宪势力的再次胜利，意味着古老的、无知的、阻碍启蒙、自由和真理的力量重新占主导地位。③

他指出，保守主义者这种做法，实际上违背了孔子的教义。孔子曾说"三人行，必有我师焉；择其善者而从之，其不善者而改之"。孔子周游列国，不断向他人请教，一生都在接受新知识。而保守主义者以维护孔子学说为名，因循守旧，不肯向西方学习，实际上违背了孔子的教义。④

除了保守势力的反扑，中央政府内部的权力斗争也是宪政改革的一大隐患。袁世凯是认真推进改革的重要人物，深受慈禧太后器重。但是，在慈禧太后生命的最后两年，对袁世凯的恩宠有所减弱。满族少壮派不断对袁世凯施加压力，与奕劻、袁世凯等实力派争夺权力。政局不稳是宪政改革的一大阻碍。

宪政改革的第一步是改革官制，其中要不要设立责任内阁是各方争论的焦点。袁世凯主持制定的政治体制改革方案主张设立责任内阁，但并非宪政下对国会负责的责任内阁，而是取代君主专制成为新的专制权力中心的内阁。袁世凯希望和奕劻共同组阁，控制朝政，引起了守旧派和改革派的不满。袁世凯的反对者们频频向慈禧太后施加影响，慈禧太后也不满袁世凯的改革方案，袁世凯的方案最终没有被采用。袁世凯不仅没有在官制改革中获益，反而失去了重要兼职。⑤

---

① 李俊领：《清末文庙祀典升格与人心失控》，《史学月刊》，2012年第5期。
② 《上谕》，《南方报》，1907年1月1日，第1页新闻。
③ "Conservatism Rampant", *South China Daily Journal*, 23rd-24th January, 1907，第4页西文。
④ "Conservatism Rampant", *South China Daily Journal*, 24th January, 1907，第4页西文。
⑤ 侯宜杰：《袁世凯传》，北京：群众出版社，2016年，第126—130页。

　　唐国安非常赞赏袁世凯在直隶的改革措施，对其有很高的期望，也很关心其政治地位。他认为，如果中国能在不久的将来实行宪政，最大的功劳属于袁世凯。①袁世凯因官制改革失去兼职后，唐国安认为北京的政局被乌云所笼罩②，但当他得知袁世凯地位暂时稳固后，相信袁会重新获得权力。③

　　总体上，唐国安对宪政改革充满信心。1907年7月12日和13日，《南方报》英文版连载一篇文章，名为《中国的进步》（Progress in China），总结中国教育、铁路、军事、法律、信仰、政党的发展情况。④

　　中国教育的发展日新月异，义务教育得到推广，建立了很多新学堂，重视军事训练。女子教育受到关注，部分省会城市设立了女子中学，300名女性留学日本，缠足风气正在减弱。排外情绪正在消失，受教育人士对西方的政治和科学非常感兴趣。国人办的报纸充满生机和活力，每天都在传播新思想。报纸的数量和发行量迅速增长，读报很快成为受教育人士的日常。

　　铁路建设最先在北方发展比较快，现在已经在全国范围内开展。以往被排斥的铁路现在被民众普遍视作发展的必备要素，几乎各省都建立了当地的铁路公司。机械等现代生产方式得到推广，几年后中国可能成为世界上最大的制造中心。

　　军事改革取得显著成效。现在，中国的力量和任何国家都是一样的。虽然新式军队人数还比较少，但是很快会发展起来。中国将拥有一支前所未有的能战的军队。根据日本的制度加以改造，中国组织了一支有效的警察队伍。

---

① "Editorial Notes", *South China Daily Journal*, 17th September, 1906, 第4页新闻。
② "The Political Situation in Peking", *South China Daily Journal*, 16th February, 1907, 第8页西文。
③ "Re-Assuring News", *South China Daily Journal*, 20th February, 1907, 第5页西文。
④ "Progress in China", *South China Daily Journal*, 12th-13th July, 1907, 第6页西文。以下几段均出自这两条材料。原文为英文。

中国的法律虽然还是比较严厉，但是已经有所改善，将来会变得更加人性化、更有智慧。宪法正在讨论中，不过不能对此太过乐观。

宗教信仰方面的进步与物质改革是同步的，孔子学说的影响正在减弱，人们更倾向于宗教或精神上的存在。皈依基督教的信徒大量增加。

政治团体和政党的数量及力量在增加。它们组织更加完善，行动更加主动。这些团体有些主张共和，有些主张立宪，都希望革新国家，建立一个纯粹的中国人的政府。日本的觉醒是自上而下的，中国却是中层阶级倒逼清政府改革。

文章还指出，中国的改革为将来的发展奠定了坚实的基础。新的强大的爱国主义精神已经存在于中国人的心中。他们渴望民族团结，渴望力量，展现出了世界上前所未有的活力和奋发向上的决心。虽然改革还存在很多问题，但是不可否认，中国这样一个古老而广阔的国家，在改革中取得了实实在在的进步，还会取得更大的进步。

## 二、教育是立宪的基础

甲午战败引起国人反思。时人认为日本的胜利源于日本人爱国，中国战败因为中国人不爱国。因此，梁启超主张改造国民，塑造新民，指出"为中国今日计，必非恃一时之贤君相而可以弭乱，亦非望草野一二英雄崛起而可以图成，必其使吾四万万人之民德、民智、民力，皆可与彼相埒，则外自不能为患"。[1]其中，中国人最缺的是公德。所谓公德，指的是"人群之所以为群，国家之所以为国，赖此德焉以成立者也"。[2]自梁启超始，塑造新民、改造国民道德成为时人关注的焦点。唐国安对此也有所讨论。

唐国安认为，公德源于团结，二者是相互促进的。所谓公德，是指人们外露出来的一致的言行。团结是一种精神力量。它是维系人类文明，使文明

---

① 梁启超：《新民说》，北京：商务印书馆，2016年，第8页。
② 梁启超：《新民说》，第19页。

持久有效运作的力量，比物质力量更重要。日本之所以能战胜俄国这个欧洲强国，就是因为日本人很团结。中国要想摆脱列强的侵略，维护主权完整和领土完整，必须团结起来。全国各地、各个阶层的思想和目标都要统一成一个整体。①

要想团结民众，必须广开言路，发展印刷事业，建立更多学堂。只要国民普遍接受教育，形成一致的信念和理想，就能团结起来。只要全国上下都团结起来，其他改革就会水到渠成。②

1906年9月，清廷颁布仿行立宪上谕，立宪进入倒计时。在立宪的大背景下，公德被认为是立宪国家国民需具备的核心素质。中国长期处于封建专制统治下，国人没有受过民主训练，不具备立宪国家国民的素质，因此，在立宪之前，先要训练国人，而教育是提供系统训练的最佳途径。

1906年4月28日，《南方报》英文版刊登一篇文章，论述教育和国民素质以及立宪的关系。③

文章指出，在代议制国家中，国民拥有选举权，能够参与立法和司法。虽然中国还处于专制政府的统治下，但在不久的将来，政府将颁布宪法。到那时，国人将变成国民。在建立民主的代议制政府之前，要先做好准备，把民众教育成为合格的国民。

在代议制国家中，权力属于国民，国家的存续、社会和政治制度的平稳运作都依赖于良好的国民素质。那么国民需要具备哪些素质？作者认为包括智力、道德和爱国主义三个要素。

在智力上，中国需要一群对中西方制度和文明足够了解、能够将它们整合成一个有机的整体的人；需要一群能够敏锐地洞察各种文明的基本原则、愿意且有能力领导国家前进和向上的人。

---

① "Unity is Strength", *South China Daily Journal*, 14th-15th September, 1905, 第4页新闻。
② "Unity is Strength", *South China Daily Journal*, 14th September, 1905, 第4页新闻。
③ "Good Chinese Citizenship", *South China Daily Journal*, 28th April, 1st-4th May, 1906, 第4页新闻。以下几段材料均出自这篇文章。

　　光有智力是不够的，还要有高尚的道德。道德的缺失会带很多不好的影响：自私、腐败、不诚信、不自信……必须团结起来与内心的罪恶作斗争，用法律和宗教约束道德。

　　智力和道德是良好国民需具备的至关重要的素质，但仅有智力和道德是不够的，还要有爱国主义情感指导国民运用智力和道德，履行国民义务。爱国主义是与生俱来的，也是后天养成的。

　　爱国主义是对国家的爱，是促使国民为国家积极行动，引导国民从追求个人利益转向国家利益的激励因素。爱国主义要求国民通过行动表现对国家的爱。真正的爱国主义希望国家繁荣，希望激励国民发挥全部的力量发展国家的利益、制度和文明。爱国主义要求国民超越个人利益的需要，带着一颗炽热的心为国家付出，通过诚实、勤奋的工作履行公民义务。

　　综上，能否实现民主取决于国民，取决于良好的国民素质。当国民拥有高度发达的智慧，被灌输了真正的道德和爱国主义精神时，民主就有了可能性，中国就能成为立宪国家。它将永垂不朽，带领中华民族不断前进，实现民族复兴。智慧、道德以及爱国主义精神等国民素质不全是先天的，需要后天的培养和训练。这种系统的训练只有教育能够提供，因此，教育是立宪的基础。

　　当时不独《南方报》有此言论，不少大报大刊都有类似的观点。1905年《东方杂志》发表觉民的《论立宪与教育之关系》一文，内言"宪政之行也，必全国人民皆具有政治知识及自治能力，而后能措置裕如，秩序不紊，非可卤莽灭裂而强以行之也"。如何培养政治知识和能力？作者指出："教育是也"；"教育既遍，国民胥智，政治上之知识，皆磅礴于人人之脑中，而后自治之能力，随在可以发挥，以之充议员之选，闻国家之事，其恢恢乎游刃有余矣。"[①]

---

① 觉民：《论立宪与教育之关系》，《东方杂志》，1905年第2卷第12期。

## 三、改革教育

### （一）普及教育

考虑到教育是立宪的基础，朝野上下都主张普及教育，提高国民受教育程度。

1906年《北洋学报》转载《普及教育为立宪基础论》一文，论述普及教育的必要性。文章指出，当前国人的受教育程度远没达到立宪的要求，"全国大小学堂，每县不满十区，匀计全国新旧学生，每县不满千人，是全国男女之受教育者，不过百中之三四，而未及乎十中之三四也。是国民之程度，犹极其幼稚，而无以称乎立宪之资格也"。接着，作者介绍欧美各国实行普及教育的情况及效果，认为中国现在普及教育还不晚，并提出实施办法：

> 自今年为始，全国男女之未入学者，其在十三岁以上、五岁以下，皆令入学，则十年以后，四百兆人民之受普通教育者，已有十之三四。其年在十三岁以外者，则为设半日学堂与简字学堂，俾之渐进文明，略明大义。有不愿者，则由学界中人讽导之，下此者，则概用强迫主义。至于学费所出，则除捐诸地方之殷富外，宜取诸地方税，不足则国家拨帑以补助之。①

这样，等到全国人民受教育程度得到提高之时，就是宪法组织完备之日。

唐国安也认为普及教育是宪政的基础。如果不普及教育，由愚昧无知的国人组成的民主政府是不能发挥效用的。②他从个人和国家的角度讨论普及教育的重要性。

他指出，教育对个人和国家都有重要意义。人和动物的区别在于人的

---

① 《普及教育为立宪基础论》，《北洋学报》，1906年第43期。
② "Editorial Notes", *South China Daily Journal*, 17<sup>th</sup> September, 1906, 第4页新闻。

学习能力，能读书写字，能够思考。通过教育，人的能力可以得到发挥，缺点得以改正，从而成为万物的统治者。因此，无论男女老少，无论贫穷或富有，都应接受教育。对于国家来说，没有受过教育的自由将带来巨大的混乱和危害，将导致民主的暴政。一个国家的进步涉及全体人民的教育；教育越广泛，国家的进步就越大。因此，教育不仅能够丰富和发展个人，也能充实并增强国家的力量，保护和发展人类。①

西方国家的强大不在于他们的陆军和海军，也不在于其优越的地理位置，而在于他们健全的义务教育体系。中国要走向宪政，必须有广泛的教育作为基础。一艘航行在暴风雨中的船，不能仅依靠船长和少数军官，要靠全体军官和船员的努力。同样，中国的未来不取决于高级官员的能力，而取决于对大众的教育启迪。②

### （二）提倡女子教育

近代中国的女子教育最早由教会兴办，西方女子教育思想开始在国内传播。甲午战后，为了动员更多力量挽救民族危亡，维新人士开始在理论和实践层面推动女子的社会化教育。女子学校教育由洋教士传播西方福音的宣教需求转变为国人挽救民族危亡的需要，由"可有可无"提升到"保国保种""教育救国"的高度。国人开始自办女校。③

1903年，张百熙、张之洞、荣庆编定的《奏定学堂章程》中没有对女学的规定，同年颁布的《奏定蒙养院章程及家庭教育法章程》规定以家庭教育包括女学，不单独设女学，称"中国此时情形，若设女学，其间流弊甚多，

---

① "The Need of Compulsory Education in China", *South China Daily Journal*, 29th April, 1907, 第6页西文。
② "The Need of Compulsory Education in China", *South China Daily Journal*, 29th April, 1907, 第6页西文。
③ 徐宁：《江南女校与江南社会：1850—1937年》，上海：上海人民出版社，2015年，第62页。

断不相宜"。①女学在官方教育体系中没有独立地位。直到1907年的《学部奏定女子小学堂章程》和《学部奏定女子师范学堂章程折》，女学才正式成为官方教育的一个独立组成部分。

唐国安素来重视女性的权益，反对缠足，支持女子教育。他对女子教育的思考既受到教会的影响，也受到"保国保种"思想的刺激。

他从女性的教育功能论述女子教育的必要性，指出对女子教育的忽视将阻碍男性教育。首先，女性在家庭教育中发挥着不可替代的作用。如果女性受过教育，她的孩子在家庭中也能得到教育。如果一个孩子，他的母亲、姐妹以及未来的妻子从未接受过教育，那么我们不能期望他能在学习上取得多大的进步。其次，受过高等学堂教育和师范教育的女性更适合在小学堂和蒙养学堂中任教。普及教育需要大量师资，发展女性教育能够为普及教育提供师资。最后，他认为女子教育能够在智力上解放女性，从而提高女性的道德和社会地位。②

清廷宣布预备立宪后，唐国安从立宪的角度论述女子教育的重要性。他指出，女性教育是西方国家富强的原因之一。他对比中国女性的悲惨处境和外国女性的待遇，说明女性在智力和能力上并不亚于男性，甚至比男性更加勤奋，更加能干，几乎能够胜任所有职位。西方女性的自由、智慧、美德和优雅源自一代又一代的学习和文化传承。③

唐国安认为，中国正在走向宪政，走向光明，是时候学习西方国家对待女性的方式了。宪政对女性提出新的要求，没有受过教育的女性无法胜任妻子、母亲或儿媳的身份。相反，一个受过教育的女性将使家庭更加幸福欢乐，在社会上能够举止优雅。有了这些受过教育的女性，中国才有真正的近

---

① 《奏定蒙养院章程及家庭教育法章程》（1903），舒新城编：《中国近代教育史资料》中册，北京：人民教育出版社，1962年，第385页。

② "Female Education", *South China Daily Journal*, 26th September, 1905，第4页新闻。"Female Education in China", *South China Daily Journal*, 3rd September, 1906，第4页新闻。

③ "A Student's Ideas on Female Education", *South China Daily Journal*, 8th May, 1907, 第6页西文。

代意义上的家庭。因此，应该抓紧时间在全国范围内设立女子学校，以便女性能够适应宪政时代的要求，能够在家庭、社会和公民生活中发挥应有的作用。①

### （三）统一语言

唐国安认为，中国各地语言不通是民族团结的阻碍。所谓民族，是指占有一定的领土，有着共同的祖先和传统，最重要的是拥有统一的语言文字的群体。②语言是国家思想的表达，是民族团结的纽带。语言差异成为民族团结和国家的阻碍。没有共同的语言作为交流的媒介，人们无法交流思想，产生同理心，因而民族没有凝聚力，国家走向分裂。③因此，他呼吁重视语言问题。

他主张以官话作为标准语言，借助普及教育统一语言。官话是中国传播最广、最容易学的语言，除了福建、广东和其他一两个省外，大多数省份的官员都说官话，因此，推广官话应成为改革的首要工作。他建议各地多建学堂，普及教育，学部应该强迫所有官立学堂采用官话作为授课语言，以便统一语言。④

唐国安对教育改革有丰富且独到的思考。除了以上所提到的内容，他还主张健全教育体系，设立幼稚园，革新教育内容和教育方法，引进西方科学文化知识，注重思维训练，增加军事训练，加强人文教育，逐渐形成德、智、体"三育"教育思想。

---

① "A Student's Ideas on Female Education", *South China Daily Journal*, 8<sup>th</sup> May, 1907, 第6页西文。
② "Unity is Strength", *South China Daily Journal*, 14<sup>th</sup> September, 1905, 第4页新闻。
③ "The Educational Problem", *South China Daily Journal*, 13<sup>th</sup> September, 1905, 第4页新闻。
④ "The Educational Problem", *South China Daily Journal*, 13<sup>th</sup> September, 1905, 第4页新闻。

## "三育"教育思想的形成

　　上一节简要介绍了唐国安的教育思想，主要是他对教育的重要性、教育改革等方面的思考。本节将聚焦到他对教育要培养怎样的人的思考。唐国安认为，教育要培养德育、智育、体育全面发展的个体。德、智、体"三育"是他教育思想的重要内容，是他长期思考和实践的成果，且经他提倡，成为清华学校的教育宗旨。因此，有必要考察其"三育"思想的来源及形成过程。

### 一、留学经历与内忧外患

　　唐国安14岁就留学美国，在美国接受8年教育。留学美国是他主要的学习经历，也是他对教育最深刻的感受。他在美国受到的道德感化、学到的系统的科学文化知识、参加的体育活动，使他在心理上已经接受德育、智育、体育，对德育、智育、体育的重要性有感性认识。此时他虽然还没有形成系统的德、智、体"三育"教育思想，但已有一些零星火花。其对德育、智育、体育的相关论述已经开始见诸报章。

　　唐国安回国后，亲历国家内忧外患，以高度的爱国主义情感和社会责任感致力于社会改良，将改造国家的希望寄托于教育。从《呼吁中国留学生》（Appeal to China's Foreign Educated Men）一文，可以看到唐国安对时局的忧虑，以及他对教育、学生寄予的希望。①

---

① Tong Kai son, "An Appeal to China's Foreign Educated Men"，《寰球中国学生报》，1906年第1卷第1期。以下几段材料均来自这篇文章。

　　1905年，随着日俄战争的结束和英日同盟的结成，日俄在东北形成均势，中国得以逃过被瓜分的危险，中国的"完整性"得到保证。但是，这不意味着中国就得到了生机。中国虽然避免了被肢解的命运，但政治上仍将走向缓慢的死亡。

　　几十年来，由于军事上的劣势，中国在对外交涉中一直处于被动的地位，无权决定她所订立的条约，她的利益被置于列强的利益之后。中国不仅失去了大片领土，还要支付巨额的赔款，更丧失了商贸、军事、法律以及司法主权。

　　鉴于中国当前的政治局势，仇恨和埋怨是无济于事的，应当把全部的精力投入到改革。当中国成为一个强大的独立国家时，当前所遭受的不平等待遇就会随之消失，她将在国际上处于适当的位置。要想实现这种转变，需要受过外国教育的新式人才，因为他们有更丰富的宪政经验和思想观念，更了解世界的情况，知道应该用什么新的因素改革这个古老的国家。

　　由于这篇文章发表在《寰球中国学生报》，目标对象是会员及留学生，所以唐国安把救国的重任寄托给留学生，强调留学生所受的教育及由此带来的见识和掌握的能力。中国的改革固然需要数量有限的留学生，但更重要的是要通过新式教育，将广大的国人培养成符合改革需要的新式人才。

## 二、西方教育知识的传入

　　唐国安主张学习西方的科学文化知识。他认为，受过外国教育的留学生是拯救中国的关键，他们具有实用知识，经验丰富，眼界开阔，能够准确地发现中国存在的问题，提出解决之道。这是中国传统教育无法做到的。[1]在这里，他强调的是留学生所受的教育，即西方的科学文化知识。

　　京师同文馆的设立被认为是中国传统教育向现代教育转型的标志。中国开始学习西方语言，了解西方科学。这一时期产生了方言教育思想、军备

---

①　Tong Kai son，"An Appeal to China's Foreign Educated Men"，《寰球中国学生报》。

教育思想、西学教育思想，但这些新思想的影响比较有限。传统教育才是主流，"礼失而求诸野""中体西用"的观念根深蒂固。

甲午战败，震惊全国，国人开始重新审视日本，认为日本之强，在于学习西方文化，改革教育，认识到要想救亡图存，必须借鉴日本经验，重视教育，改革教育。官方和民间都组织考察团考察日本教育，形成大量日本教育考察报告，同时政府鼓励学生留学日本。留学生成为传播西方教育思想的主力。这一时期，西方教育家的学说和著作假手日本传入中国，各种与教育相关的组织和机构如雨后春笋般建立。

唐国安是上海基督教青年会和寰球中国学生会的创办人之一。这两个组织都十分重视教育，热心教育事务，译介教育著作。他曾任中韩基督教青年会总委办机关报《青年》以及寰球中国学生会会刊《寰球中国学生报》的编辑。仅这两份刊物上就有大量介绍日本教育情况及欧美教育知识的文章，因此他对西方教育知识及国内教育思潮应该十分了解。作为《南方报》的英文主编，他在译介西方教育知识的同时，针砭时弊，就教育问题发表多篇文章和评论，如《中国的新教育》（"The New Education in China"）、《日本教育的优越性》（"Advancement of Education in Japan"）、《一个学生的教育观》（"A Student's View on Education"）等等。可以说，这一时期是唐国安教育思想形成的关键时期。他身处西方教育知识传播的中心，有机会接触到形形色色的教育思想和教育理论，就教育问题发表议论，逐渐形成自己的教育思想。

对清末教育界影响最大的是赫尔巴特（Johann Friedrich Herbart）和斯宾塞（Herbert Spencer）的学说。雷通群在《西洋教育通史》中论及斯宾塞派及其影响时指出："现在中国的教育界，关于教育方法上分为智育、德育、体育等，是受斯宾塞的教育影响，亦犹管理、训练、教学等的分类，是受海尔巴脱的影响也。"①近代最早提出德、智、体"三育"思

---

① 雷通群：《西洋教育通史》，北京：东方出版社，2007年，第312页。

想的是约翰·洛克（John Locke）。他在《教育漫话》（*Some Thoughts Concerning Education*）中提出要培养绅士，应进行德育、智育、体育三方面教育，以德育为核心。斯宾塞则使德、智、体"三育"教育思想成为世界潮流，尤其是对日本产生了巨大影响。随着中国对日考察的增多，德育、智育、体育教育三分法作为日本重要的兴学经验，被中国知识分子奉为圭臬，频繁出现在时人著述，成为耳熟能详的教育"术语"。

　　德、智、体"三育"教育思想在清末的快速传播，除了受到日本兴学经验的影响，也离不开严复等人的宣传。严复是介绍斯宾塞思想的重要人物。针对中国"民力已苶，民智已卑，民德已薄"的现状，他提出要鼓民力、开民智、新民德。①1906年11月，严复在寰球中国学生会发表题为《论教育与国家之关系》的演说，明确提出教育包括体育、智育、德育，并且认为智育重于体育，德育重于智育。②严复是当时思想界的名人，其学说被很多人奉为准绳。经他提倡，德、智、体"三育"教育思想很快风靡社会。

　　唐国安与严复都是寰球中国学生会的重要成员，同为《寰球中国学生报》主编③，且严复自称与唐国安关系"素稔"④。他们有共同的活动场域，通过文字交流思想，也有密切的私人联系。严复的教育主张很可能会对唐国安产生影响。

### 三、基督教青年会"三育"思想的影响

　　唐国安是一名虔诚的基督徒，与基督教青年会渊源很深，其宗教活动与教育的初步实践主要借助基督教青年会这一活动平台。青年会的德、智、体"三育"对他产生了很深影响。

　　基督教青年会成立之初，在教育上以德、智、体"三育"养成完全之

---

① 严复：《原强》，王栻主编：《严复集》第1册，北京：中华书局，1986年，第26—27页。
② 严复：《论教育与国家之关系》，王栻主编：《严复集》第1册，第167页。
③ 皮后锋：《严复大传》，福建：福建人民出版社，2003年，第307页。
④ 严复：《与熊纯如书》，王栻主编：《严复集》第3册，北京：中华书局，1986年，第604页。

人格为宗旨。中韩基督教青年会总委办发行的刊物《青年》在"本报简章"上，明确写道："本报……宗旨在于培植少年子弟，以德育为主，智育体育为辅，凡所登载，悉视此为准。"①

谢洪赉与唐国安同为青年会元老，曾为唐国安作传，翻译和发表过多篇关于青年会的文章及著作，对青年会事务十分了解。他曾作《青年会代答》一书，介绍青年会的宗旨与组织。《青年会代答》撰写于1911年，1914年由基督教青年会第三次出版，基本反映了1914年之前基督教青年会的大致情形。唐国安1909年任游美学务处副监督，1911年任清华学堂校长，1913年8月去世。因此，《青年会代答》从一个侧面反映了唐国安对青年会的最新了解。

兹将《青年会代答》第四章"宗旨"部分摘录如下：

> 本会讲求德育，以基督教旨为本，将普通之道德伦理容纳其中，对各国圣贤固有之精义微言，主保持不主破坏，而求心灵完备之发达。
>
> 本会讲求智育，务以新学济旧学之缺点，文质相和，中西统一，而求知才圆满之发达。
>
> 本会讲求体育，欲使少年人人得有用之体躯，以营事业而益社会，不拘拘于运动之出奇，角力之争胜。
>
> 本会讲求社交，使一切少年享合群之乐，得游艺之趣，庶几匪人无由而狎暱，燕乐无由而移情，遂克葆其固有之天真。②

青年会除了通过刊物宣传德、智、体"三育"，还备有许多设施，举行各种活动，践行其教育宗旨。德育方面，定期举行德育宣讲会，演说基督教宗旨、人伦、道德以及处世立身之法等内容，设有圣经研究会、教役培植会、唱诗会、立身方针谈话会等。③智育方面，设有阅书报室、藏书室，定

---

① 《青年》，1907年第10卷第6期，第2页。
② 谢洪赉：《青年会代答》，上海：中国基督教青年会组合，1914年，第5页下—第6页上。
③ 谢洪赉：《青年会代答》，第7页上。

期讲演科学时局等种种有益问题，召开文学研究会、读书会、辩论会、音乐会等，还附设学堂注重实业教育以及半夜学堂，以便日间执业之人补修学科。①体育方面，设有体操室，室内设置各种体操器械，有专门的体育事务长主持教授；设有休沐室，内置大浴池以供游泳，小浴堂以便洗漱；部分青年会有大运动场，配备户外各种体育设施，经常召开运动会；此外还有远足会及卫生演讲。②

青年会的德育以基督教为本，参合世俗伦理道德。实际上青年会的一切活动，目标都在于传播基督福音，使更多人皈依基督。唐国安在倡导改良旧道德时，也十分强调基督教的力量，通过德育宣讲会、演说、圣经研讨会等宣扬基督教教义和道德，利用唱诗会辅助德育。

青年会推广社会福音运动，"试图把科学与信仰、文化与教会、民主与基督教、伦理与神学、教义与社会福音之间的对立化解，使之达到一种整体一致、有机共存"。③因此，青年会十分注重智育，传播科学知识，以实际行动证明宗教与科学并不矛盾，甚至可以相互促进。

青年会在智育上主张以新补旧，中西结合，文质相施，鼓励青年增长智识，组织科学演讲、辩论、读书会等锻炼思维与口才，注重实业教育，开设学堂和夜校。

青年会在体育上以强健身体、活泼精神、帮助社会为目的，注重介绍卫生知识，经常组织运动会及其他体育活动。通过德育、智育、体育训练，养成青年的完整人格，实现青年独立。

青年会旗帜鲜明地提倡德、智、体"三育"教育，养成完全之人格，借助其完善的组织成为社会上很有影响力的机构。很多政要名流和知识人物都与青年会有联系，赞赏且支持青年会的教育活动。1923年，孙中山在第九届基督教青年会全国代表大会发表演说，认为"青年会的宗旨，注重体育，智

---

① 谢洪赉：《青年会代答》，第7页上。
② 谢洪赉：《青年会代答》，第6页下。
③ 卓新平：《当代西方新教神学》，上海：上海三联书店，1998年，第33页。

育，德育三项，改良人类来救国，是全国所欢迎的"；青年会有能力用"人格救国"，因为青年会在22个省有完备的机关进行宣传；国家要像一个大青年会，全国人民都要有体育、智育、德育的人格。①青年会的教育宗旨，与民国时期培养合格国民的需要不谋而合，德、智、体成为合格国民必备的三要素。

唐国安作为青年会的重要成员，十分关注青年会事务。谢洪赉高度评价，称他"为会中会计员，凡四五年，每有会议，无不出席。经济之周旋，亦多设施。该会今日之兴盛，先生与有力焉"。②1904年，基督教青年会组合改会报为中英合报。唐国安担任该报英文版主任，发表多篇文章，如《中国之爱国士宜为基督徒之理由》《基督徒之愉乐》《中国基督徒宜肩改良社会之义务》《中国人的道德训练》等。除了参与会务和办刊活动，唐国安还积极参与青年会其他活动。他曾参与上海基督教青年会文学和辩论活动并负责指导，在日夜学校担任教习，教授"文献翻译"（Documentary Translation）课程。③上海基督教青年会举行的运动会，他多次担任裁判。

我们目前尚不知道唐国安对青年会各项组织、机构、活动的设立和发展具体起了多大作用，但他常年担任董事，悉心会务，热心参与青年会的活动，内心是赞成青年会的教育宗旨的。他在青年会的教育活动，遍及德、智、体三方面，对青年会践行"三育"教育宗旨的组织和方式有深刻了解，积累了丰富的实践经验。实践证明，"三育"教育思想具有较强的可操作性及优越之处，与当时中国社会的需要相吻合，可供借鉴。从唐国安执掌清华后的一些举措，我们可以看到作为社会教育以及宗教组织的青年会对他的影响。

---

① 孙中山：《中山先生对于青年会之期望与策励》，《上海中华基督教青年会特刊》，第28—31页。

② 庐隐：《唐先生介臣事略》，第204页。

③ Nathaniel Gist Gee ed., *The Educational Directory for China*, 1905, p. 126. 转引自唐绍明：《清华校长唐国安》，第201页。

## 四、形成德、智、体"三育"教育思想

1906年8月，唐国安以《一个学生的教育观》（"A Student's View on Education"）为题，在《南方报》连续三天发表文章论述其教育宗旨。他指出，教育的宗旨是尽最大可能利用整个自然界的力量，训练和协调人的身体（physical）、智力（intellectual）和精神（spiritual），使人与三者达到完全和谐，不应有所偏重。[1]唐国安虽未使用moral一词表示德育，但是已经明确将教育分为体育、智育和精神训练三部分，并对三者进行了详细的论述。

首先是体育。体育对健康、心智和性格产生影响；体育训练是为发展其他能力做准备。为了提高思考能力，需要滋养大脑，而大脑发育需要整个身体系统得到良好的强化和滋养。因此，为了发展智力，需要进行体育锻炼，遵守生理规律和卫生规则。[2]

其次是智育。智育包括训练观察力、推理能力和想象力三个环节。锻炼是提高能力最主要的方法之一。运用注意力，进行思考形成判断，获得分辨真假是非的能力，进而提高观察力。在逻辑和数学等抽象科学中，需要培养推理能力。理性是人的本质，使人区别于动物。想象力虽然是天赋，但也可以进行锻炼。如果没有想象力，就感受不到追求和收获的激情，不会有真正的道德，更感受不到生活的乐趣。[3]

最后是精神训练。一个人不论信仰何种学说或宗教，都想要接近未知。人总是对未知充满焦虑，如果对未知的好奇得不到满足，就得不到平静。因此，人本质上是宗教的存在。[4]

---

[1] Tong Kai son, "A Student's View on Education", *South China Daily Journal*, 13th August, 1906, 第4页新闻。

[2] Tong Kai son, "A Student's View on Education", *South China Daily Journal*, 13th August, 1906, 第4页新闻。

[3] Tong Kai son, "A Student's View on Education", *South China Daily Journal*, 14th August, 1906, 第4页新闻。

[4] Tong Kai son, "A Student's View on Education", *South China Daily Journal*, 14th August, 1906, 第4页新闻。

接下来，唐国安对教育的价值进行了阐释。他认为教育的价值有三：一是增强理性，二是作为社会平衡机制，三是维护公民自由。①

从文章内容来看，他所说的体育，更多停留在健康教育的范畴，包括身体锻炼和卫生知识，强调体育对德育、智育的基础作用。他对智育的论述，主要是提出受教育者应该具备的能力，侧重教育方法。至于精神训练，只是简单提及，强调道德的宗教性。他用spiritual一词而非moral，反映基督教"灵、智、体"教育对他的影响。他认为，德育、智育、体育三者应该全面协调发展，缺一不可。教育对个人、社会和国家有重要作用。教育使人成为理性的人，缓和社会矛盾，调节社会阶层关系，维护民主。这篇文章虽然篇幅不长，但是唐国安对德育、体育、智育三方面的论述，表明他已经形成较为系统的德、智、体"三育"教育思想，对教育对个人、社会和国家的作用和关系有比较清晰的认识。

# 小　结

唐国安受到教育救国思潮的影响，赋予教育很多功能。他对教育的思考，紧扣现实需要和时代潮流，把教育视作立宪的基础，提出了很多教育改革建议。在讨论教育时政的同时，他也在思考教育应该培养怎样的人。他认为，教育应该培养德育、智育、体育全面发展的全才。这一教育思想有其特殊的形成过程。在美国留学期间，唐国安接受了系统的科学文化教育，为美国社会的文明及基督教道德所吸引，沉浸于多姿多彩的体育活动。这些经历使他形成重视科学文化教育、重视道德教育、重视体育的朴素想法。回国

---

① Tong Kai son, "A Student's View on Education", *South China Daily Journal*, 15<sup>th</sup> August, 1906，第4页新闻。

后，他亲历国家内忧外患，以高度的爱国主义情感和社会责任感致力于社会改良，将改造国家的希望寄托于教育。甲午战后，德、智、体"三育"教育思想的广泛传播，与他一直以来重视道德教育、重视体育的想法不谋而合，为其德、智、体"三育"教育思想的形成提供了理论支持。他在青年会参与的德育、智育、体育活动是其教育思想的实践来源。从青年时零散而稚嫩的想法，到比较系统的思想，再到具体可行的教育方法，唐国安的德、智、体"三育"教育思想最终形成。

# 清华学校首任校长

为了增强在中国的影响力，美国提议退还多收的庚子赔款，用于派遣中国学生赴美游学。游美学务处和清华学堂应运而生。唐国安作为外务部主事，精通中西学问，充任游美学务处会办、清华学堂副监督。辛亥革命后，他临危受命，成为清华学堂监督，后任清华学校首位校长。

## 第一节

# 游美学务处会办与清华学堂副监督

### 一、游美学务处会办

清华学堂是由美国退还多收的庚子赔款创办的留美预备学校，被外国人称为"赔款学校"。

1901年9月，清政府与英国、法国、美国等国家签订屈辱的《辛丑条约》，规定中国赔偿侵略国4.5亿两白银，加上利息超过9.8亿两。美国分得3200多万两，合2400多万美元，外加年息4分。[1]据美国计算，按照美国真正的损失应收赔款1160多万美元，不足条约规定的一半，加上议院要求增加的200万美元"以备社会公司商人等续行索偿之用"，一共应收赔款1360多万美元，减收1070余万美元。[2]

1904年12月，中美首次谈到庚款溢款问题。为使中国在修订移民条约问题上让步，美国国务卿海约翰（John Hay）向驻美公使梁诚表示，美国将来

---

① 清华大学档案，转引自清华大学校史编写组整理：《清华大学的前身——清华学校》，中国人民政治协商会议全国委员会文史资料研究委员会编：《文史资料选辑》第71辑，北京：中华书局，1980年，第164页。

② 《驻美国大臣伍廷芳致外务部函》（1908年4月17日收），清华大学校史研究室：《清华大学史料选编》第1卷，北京：清华大学出版社，1991年，第84—85页。《驻美国大臣伍廷芳致外务部函》（1908年7月6日收），《清华大学史料选编》第1卷，第85—86页。

可能会对庚款做适当调整。①此后，梁诚在美国多方游说，就退款问题与美方多次交涉。在中国外交官员、美国宗教界和教育界的合力推动下，美国总统罗斯福决定将多收的庚子赔款退还给中国。

1907年12月3日，美国总统罗斯福在致国会的年度咨文中，正式要求美国国会授权总统，将多收的庚子赔款退还中国，用作中国派遣学生留美学习的费用。他指出："我国对中国人民的教育事业应提供一切可行的帮助，以便幅员辽阔、人口众多的中华帝国逐渐适应现代环境。其方式之一是鼓励中国学生前来我国，并使他们对在我们的大学和高等教育机构中修读课程产生兴趣。"次年5月25日，国会批准了这一提议。12月28日，罗斯福发布退款令，1909年正式实施退款。②

以往美国学界认为罗斯福总统退还庚款是自发地，无条件的；中国政府将退款用于派遣中国学生赴美留学是出于感激，主动作出的决定。朱卫斌指出，虽然是美国方面主动提出退还多收的庚款，但是庚款的退还是有条件的。中美之间关于退款的谈判过程充分说明美国曾多次向清政府施加压力，要求清政府将退款用于派遣学生赴美留学。美国这样做，"主要是为了改变因排华和抵货事件导致的美国在中国人心目中的不良形象，出于维护美国在华利益的长远考虑"。③

事实上，美国此举确实赢得了中国人的好感。《大公报》曾言："近日世界各国对待中国，其最称和平公义者当推美国为首屈一指"，希望"日后再能彼此订约相助，则中美之感情将弥形亲厚"。④

罗斯福之所以要求中国将退还庚款用于派遣留美学生，一是因为他是西方文化扩张主义者，二是因为甲午战后中国向日本大量派遣留学生，模仿日

①　朱卫斌：《西奥多·罗斯福与中国：对华"门户开放"政策的困境》，天津：天津古籍出版社，2005年，第261页。
②　《美国对外关系文件》（1907年），转引自朱卫斌：《西奥多·罗斯福与中国》，第258—259页。
③　朱卫斌：《西奥多·罗斯福与中国》，第258—260页。
④　《清华学堂教习到京》，《大公报》，1911年2月25日，第2张第1版。

本教育制度。加之日俄战争后日本势力崛起，威胁美国在东北的利益，美国要和日本竞争在中国的影响力。①

在美国的暗示下，梁诚向外务部建议"将此项赔款归回，以为广设学堂遣派游学之用"。这样做既成全了美国的名声，又为中国培养了人才，更使退还的庚款由中国掌握。②但清政府并不想将这笔钱用作留美教育经费。北洋大臣袁世凯认为，应把这笔钱用于"整饬路矿，作为举办学务之成本，即以所获余利，分别振兴学校"。③其实，袁世凯的真实目的是开发东三省以对抗日本和俄国。在袁世凯的指示下，东三省总督徐世昌和奉天巡抚唐绍仪拟定了开发东三省的计划。唐绍仪与美国方面接触，推销其计划。但是美国对于退还庚款的用途早有决定，根本不为所动。④在美国的强势主导下，中国只得同意美国的要求。

1908年7月14日，经过两年多的协商，外务部向美国公使柔克义表示，中国政府拟每年派遣学生赴美留学，自拨还赔款之年起，头四年每年派学生100名；自第五年起于赔款期内每年至少派50名，遣送办法将与其妥善询商。⑤10月底，外交部向柔克义递交了袁世凯主持起草《派遣美国留学生的章程草案》，包括派遣留美生的目标、留学生的选拔、出发前的培训以及在美的管理等章程。⑥但柔克义担心清政府因人事变更或政策变化等原因导致留美一事中道被阻，要求清政府声明将退款部分用于派遣学生赴美留学，以防挪作他用。⑦

①　苏云峰：《从清华学堂到清华大学1911—1929：近代中国高等教育研究》，北京：生活·读书·新知三联书店，2001年，第6页。

②　《驻美公使梁诚致外务部函》（1905年5月13日到），《清华大学史料选编》第1卷，第77页。

③　《北洋大臣袁世凯致外务部函》（1905年5月23日到），《清华大学史料选编》第1卷，第78页。

④　苏云峰：《从清华学堂到清华大学1911—1929》，第9—10页。

⑤　《外务部致美国公使柔克义照会》（1908年7月14日），《外务部奏折》，1908年7月20日，《清华大学史料选编》第1卷，第88—90页。

⑥　《柔克义公使致国务卿（鲁特）》（1908年10月31日），《清华大学史料选编》第1卷，第105—108页。

⑦　《美国公使柔致外务部照会》（1908年12月9日收），《清华大学史料选编》第1卷，第90—91页。

　　1909年1月，美国开始退还庚款。但直到5月14日，清政府一直未与美国商议派遣留学生办法。柔克义担心清政府将钱挪作他用，照会庆亲王，以停止退还庚款向清政府施加压力，其称：

　　　　本年前两月间复行照会此事，迄未准复，更足见系于原所商定之法均不愿照行。本国政府所允由本年正月减收赔款，不过以贵国所定留学之章甚为合宜，惜至今并不照章办理。兹应达知贵亲王，如中政府不按上年七月十四号所云办法及草章速行酌定，本大臣无法，只可达知美政府，应将现行减收之法停办，以俟贵国将派生赴美留学之章定妥，再行议订减收办法可也。①

　　清政府之所以迟迟不与美国方面协商具体事宜，是因为学部和外务部争夺派遣留美学生的决策权，双方僵持不下。

　　由于庚款退款属于中外交涉，一直由外务部负责。但是庚款兴学一事涉及教育，学部要求取得主导权。恰逢1908年11月，慈禧太后去世，袁世凯失势，外务部失去靠山。借助政局变化，学部成功在派遣留美学生一事上取得一席之地，与外务部会同办理。②

　　5月29日，清政府派外务部左参议周自齐与美国驻华使馆参赞丁家立协商处理留学事宜。③

　　7月10日，外务部和学部会奏收还美国赔款遣派学生赴美留学办法，拟在京师设立游美学务处，由外务部、学部派员管理，负责考选学生、遣送出

---

① 《留学一事如不按所订草章速行酌定祇可将现行减收赔款法停俟定妥再议请查照》（1909年5月14日），广西师大出版社编：《中美往来照会集（1846—1931）》第11册，桂林：广西师大出版社，2006年，第398—399页。
② 具体过程参见闻文：《政局、派系与制度：首届庚款留美学生选派过程中的保守与激进之争》，《历史教学问题》，2017年第5期。
③ 《外务部为中国赴美留学事宜已派参议周自齐经理事致美公使柔克义照会稿》（1909年5月29日），中国第一历史档案馆、北京大学、澳大利亚拉筹伯大学编：《清代外务部中外关系档案史料丛编——中美关系卷》第5册，北京：中华书局，2017年，第351页。

洋、调查稽核等事宜；并附设肄业馆一所，选取学生入馆学习，培养符合条件的留美学生。[1]同日，形成《遣派游美学生办法大纲》。

派遣留美学生事涉外务部和学部，两部均须派专员处理游美学务处相关工作。外务部派左丞参周自齐兼任游美学务处总办。周自齐也是留美学生，长期从事外交工作，曾参与庚款留学交涉，由他负责游美学务处再恰当不过。时张之洞为军机大臣，管理学部事务。他认为外务部和学部应各派总办一人，不派会办，设书记官或文案二人即可。学部拟推举郎中杨熊祥兼任总办。[2]

不久，考虑到周自齐工作太忙，即将陪载振出访英国，且游美学务处事情繁多，难以兼顾，拟改派精通中西学问的候补主事唐国安任总办。张之洞认为游美学务处关系重大，唐国安职位太低，不堪总办一职。提议仍由周自齐任总办，外务部和学部各派一名会办，外务部可派唐国安。[3]

最后，外务部派周自齐任游美学务处总办，唐国安任会办。为代表外务部和学部，同时方便办事，周自齐以外务部左丞参兼学部丞参上行走。学部则派员外郎范源濂兼任会办。

《遣派游美学生办法大纲》规定设立游美学务处和肄业馆。游美学务处由"外务部、学部会派办事人员，专司考选学生、管理肄业馆、遣送学生及与驻美监督通信等事，并与美国公使所派人员商榷一切"。肄业馆"专为已经选取各省学生暂留学习，以便考察品学而设"，拟设办事室、讲舍、书库、操场、教习及学生居室，可容纳300名学生。延用美国高等初级各科教习，所有办法均照美国学堂，以便学生熟习美国课程，可直入美国大学就读。[4]

---

[1] 《会奏收还美国赔款遣派学生赴美留学办法折》（1909年7月10日），《清华大学史料选编》第1卷，第115—116页。

[2] 《管理学部事务张之洞为游美学务处应两部各派总办一员通力合作请示复事致外务部梁敦彦之信函》（1909年8月8日），《清代外务部中外关系档案史料丛编——中美关系卷》第5册，第389—391页。

[3] 唐绍明：《清华校长唐国安》，第346—348页。

[4] 《遣派游美学生办法大纲》（1909年7月10日），《清华大学史料选编》第1卷，第120页。

1909年6月，游美学务处成立，初在京师东城侯位胡同租用一所民房作为办公之所，[①]后迁史家胡同20号。

至于游美肄业馆，则位于西直门外成府东北的清华园。清华园是道光皇帝第五子惇亲王奕誴的赐园，俗称小五爷园。惇亲王死后，载濂袭爵，因卷入义和团运动，被降为贝勒，清华园也被内务府收回。[②]《遣派游美学生办法大纲》通过后，外务部派人考察京郊，最终选定清华园，得到军机大臣叶赫那拉·那桐的支持。

清华园占地400多亩，风景优美，离市区有一定距离但靠近京张铁路，交通便利，适宜办学。

1909年9月，游美学务处接收清华园，随即修缮房屋，建讲堂、操场、办事处、图书馆、教师寓所和学生宿舍。[③]修建工作由周自齐负责，工程由奥匈帝国商人埃米尔·斐士承包。周自齐与斐士结识于1899年在美国召开的世界国际贸易会议。1906年斐士来到中国，在天津从事商业活动，创办顺泰洋行，从事奥地利对华进出口贸易和建筑承包。整项工程造价超过50万两白银，约合35万美金。[④]

游美肄业馆原定1910年秋季开学，后因工人罢工导致工程不能按时完工，且聘请的美国教员尚未到馆，改至次年春季开学。

## 二、选派留学生

作为外务部派遣的会办，唐国安的主要工作之一是选派留学生。他参与了1909至1911年三批留学生的招考。

---

① 《外务部学部呈报开办情形及刊用关防》（1909年9月14日），《清华大学史料选编》第1卷，第117页。

② 《清华园与清华学校》，《清华周刊》十周年纪念号，1921年4月，《清华大学史料选编》第1卷，第20—21页。

③ 《外务部为兴筑游美肄业馆奏稿》（1909年9月28日），《清华大学史料选编》第1卷，第3—4页。

④ 周政：《祖父周自齐创办清华学堂纪事》，《联合日报》，2014年3月15日，第2版。

《派遣游美学生办法大纲》规定，每年招考第一格和第二格学生。第一格学生年龄在20岁以下，国文通达，英文及科学程度可入美国大学或专门学校。每年录取100人，除学部、外务部在京招考外，各省提学使在各省招考合格学生，人数不限，送游美学务处参加复试。第二格学生200名，要求年龄在15岁以下，国文通达，姿禀特异，由各省提学使按该省定额选取送京。两格学生入肄业馆学习数月或一年后，再行甄别，各选50名送美国留学。①

第一格学生和第二格学生各选送50名，是因为学部和外务部教育理念不同。外务部尚书梁敦彦是留美幼童出身，主张选取幼年学生出洋，接受系统的西化教育。而管理学部大臣张之洞主张"中体西用"，派遣年长学生，中西知识均要。由于双方互不妥协，《派遣游美学生办法大纲》迟迟不能确定。在柔克义的敦促下，学部和外务部"迅速调停并以均分的方式处理双方矛盾"。第一格学生体现的是学部张之洞的教育理念，第二格学生体现的是外务部的教育理念。两格学生各取50名是双方均分学额达成的妥协。②

1909年考选学生办法有所调整。肄业馆原定学额300名，第一格100名，第二格200名。为增加候选人数，提高留学生水平，第二格学生学额增至300名，总学额达400名。考虑到京师子弟也有资格考选第二格学生，因此规定在京师招考116名学生，各省考选184名。且本年考取学生均入肄业馆学习，重新编为高等、初等两科，分班教授。入馆3个月后，举行甄别考试，学行优美者遣派游学，实难造就者责令退学，考试及格者留馆学习。③

由于游美学务处刚设立不久，肄业馆还未建成，第一格第二格学生无法入馆培训，因此1909年只招考第一格学生，直接送美留学。9月4至13日，游美学务处在北京东城麻线胡同学部衙门招考第一批直接送美学生。据《申

① 《遣派游美学生办法大纲》（1909年7月10日），《清华大学史料选编》第1卷，第120—121页。
② 闻文：《政局、派系与制度：首届庚款留美学生选派过程中的保守与激进之争》，《历史教学问题》，2017年第5期。
③ 《学部札各省提学使考选学生及考送游美学生办法文（附章程）》（1909），《清华大学史料选编》第1卷，第124—128页。

报》报道，报名者近1000人，实际应考者500人[①]。据考试学生回忆，投考者600多人。[②]

考试共分五场，9月4日第一场考国文，由范源濂主持。上午考中文，题为"学然后知不足义"——出自《礼记》；下午考经史等题。次日考英文，由唐国安主持。试题难度比照美国大学入学标准，分为300字的英文论说和问答题，其中一题是论美国诗人亨利·沃兹沃斯·朗费罗（Hery Wodsworth Longfellow）的《人生颂》。[③]

6日和7日批改头两场考试的卷子，8日发榜。取68人，考过的人才能考其他科目。9日第三场考代数、平面几何、法文、德文、拉丁文。10日第四场考立体几何、物理、美国史、英国史。11日第五场考三角函数、化学、罗马史、希腊史。[④]最终录取47人。

《派遣游美学生办法大纲》原定第一年派遣100名学生，为何头两场考试只录取68人，最终录取47人。游美学务处的解释是此次考试比较匆忙，应考学生中只有47人达到要求。研究者认为，这与学部和外务部的教育理念不同有关。

考生罗惠侨回忆，头两场考试规定国文满10分为及格，英文则须满40分。他认为，头两场考试只取68人，是"学、外两部各对与己无关的学生相互减少分数的结果"，学部和外务部都通过压低分数，"牺牲某一些可以录取的学生，来达到其争挤的目的"。"学部看到英文成绩优良或已经及格的，就少给国文分数至十分（这是可以录取的标准）以下，甚至减至零分，使其不能录取"。外务部也是如此，"看到国文分数优良的，就少给英文分

---

① 《申报》，1909年9月1日，第1张第4版。《申报》，1909年9月6日，第1张第4版。
② 老□：《清华纪元前第一届考选留美同学记：一九〇九年级之追忆》，《上海清华同学会会刊》，1947年第7/8期合刊。
③ 老□：《清华纪元前第一届考选留美同学记：一九〇九年级之追忆》，《上海清华同学会会刊》。
④ 《游美学务处为赴美学生报名情形及分场考试取录办法事致外务部呈文》（1909年9月2日），《清代外务部中外关系档案史料丛编——中美关系卷》第5册，第418—419页。

数到四十分以下"。①

此次招考已成历史，实际情况不得而知，但根据现有材料合理推测，之所以录取人数有限，既由学部和外务部的矛盾导致，也与当时学生的水平参差不齐有关。

有一位投考学生名叫牛惠生，英文考得很好，"英文论说词章一律精美，足为通场之冠"，但是因为国文太差，不被录取。为此，游美学务处曾登报解释，称同等看重国文和英文，"绝无轩轾、偏倚之意"，请考生谅解。②

当时，中国开办新式学堂不久，很多接受传统教育的学生不通外语，缺少数理化等知识，因此，不少来自京师大学堂等重视经史的学校的考生落榜。从47名学生的学校看，大部分来自新式学堂，前25名中有20名来自上海的学校，其中15名来自圣约翰学校和邮传部高等实业学堂（原南洋公学）。③新式学堂的学生外语水平好，也接受过理科教育，但是国文水平一般。因此，要找到精通国文和英文且略通数理化的学生并不容易。尽管游美学务处称"国文较优而英文略逊或英文较优而国文略逊，均经取录"，但仍需达到基本要求，"非有英文不能迳入大学收直接听讲之益，非有国文不能贯通新旧，成完全无缺之才"。④

闻文则指出，录取47人是外务部和学部平分学额的结果。此次招考的学生属第一格学生，是学部的学额，因此"不及半百的录取额乃是计划之中"。⑤这一解释不无道理，但这次考试是学部和外务部共同主导的，英文考试由美国驻华公使馆出题，由外务部评阅，不可避免地会看重英文成绩，

① 罗惠侨：《庚款第一批派遣留美学生的简况》，中国人民政治协商会议浙江省委员会文史资料研究委员会编印：《浙江文史资料选辑》第5辑，1963年，第184—185页。
② 《游美学务处慰勉摈弃诸生语》，《大同报》，第34册第283期，1909年9月25日，第31—32页。
③ 王天骏：《文明梦：记第一批庚款留美学生》，北京：清华大学出版社，2012年，第9—12页。
④ 《游美学务处慰勉摈弃诸生语》，《大同报》第34册第283期，1909年9月25日，第31—32页。
⑤ 闻文：《政局、派系与制度：首届庚款留美学生选派过程中的保守与激进之争》，《历史教学问题》。

压低国文成绩。

第一批学生由唐国安和英文副文案唐彝[①]带领出洋。1909年10月3日，唐国安带领这批学生到达上海，置办衣帽行装。每名学生整装费银洋250元。[②]

为了处理游美学生出国手续、收发文件、采办用品等事务，游美学务处在上海设驻沪文报采办委员。唐元湛是唐国安的远房亲戚，首任驻沪游美学务处文报委员，与后者同为第二批留美幼童。他在沪多年，熟悉情形，是驻沪委员的不二人选。[③]

唐国安、唐元湛等人与青年会和寰球中国学生会关系匪浅，且这两个机构本就关心留学事务，因此清华每次派遣留学生都受到青年会和寰球中国学生会欢迎和帮助。10月12日，唐国安率第一批留学生乘蒸汽轮船"中国"号赴美，途经长崎、神户、横滨和夏威夷的檀香山，于11月6日抵旧金山港，航行25天左右。[④]

在航行途中，唐国安向留学生们介绍美国的生活方式和交际礼节，包括就餐、出行、公共场所礼仪等等。学生们听得津津有味，"巴不得马上到了美国，尝试一番"。[⑤]

到达旧金山后，唐国安一行受到热烈欢迎。旧金山大学东方语言教员弗兰发表演说，称他们出国留学，是为了学成之后报效祖国，一定要牢记中国的伦理纲常，不能被美化；要记得自己是中国人，不能忘记祖国。[⑥]这番话虽出自外国人之口，其内容却值得留学生们深思。

次日，唐国安带领学生乘火车前往波士顿。11月13日，他们到达华盛顿

① 《游美学务处任事人员衔名薪水数目清单》（1911年9月22日），《清华大学史料选编》第1卷，第118页。唐彝，字贻典，号孟伦，唐国安族侄。
② 《时报》，1909年9月28日，第2版。
③ 《唐守元湛照会一件派充驻沪文报采办委员》（1909年9月24日），珠海唐国安纪念馆展出复印件。
④ 韦季刚：《美国国家档案馆藏前三批庚款留美学生入境美国资料》，清华大学校史馆网站，http://xsg.tsinghua.edu.cn/info/1003/1203.htm，2021年4月3日访问。
⑤ 罗惠侨：《庚款第一批派遣留美学生的简况》，《浙江文史资料选辑》第5辑，第187页。
⑥ 《游美学生抵旧金山纪事》，《教育杂志》，1909年第1卷第12期。

美国退还庚子赔款改充学费初次考送赴美留学诸君肖像，前排三位坐者中右边那位是唐国安（《青年》1909第十二卷第7期，全国报刊索引数据库）

清政府驻美使馆，受到驻美公使伍廷芳、二等参赞兼驻美学生监督容揆的迎接，暂住佳罗大旅馆。唐国安原想带学生谒见美国总统塔夫特，因后者不在华盛顿，未能成行。16日，唐国安和容揆带领学生前往马萨诸塞州，安排学生入学。[1]由于此时美国学校学期已过半，且此次考选仓促，学生水平参差不齐，唐、容二人遂根据学生水平分别送往各大学和高等学校就读，并亲往详细考察，"所有教授管理诸法，均甚相合，诸生亦皆安心向学"。[2]

办理完学生入学事宜，唐国安着手聘请外国教员。他委派世界基督教青年会总干事穆迪（John R. Mott）在美国延聘优秀教师。[3]1914年2月，清华学校校医兼生物教师理查德·阿瑟·博尔特发表《北京清华学校》一文，提

① 《国游美学生抵美详闻》，《申报》，1909年12月26日，第1张第5版。
② 《外务部会奏第一次遣派学生到美入学情形折》，1909年，《清华大学史料选编》第1卷，第132页。
③ 《申报》，1909年11月19日，第1张第5版。唐绍明：《清华校长唐国安》，第353页。

到："该校选聘美国教师的方式足可称道，因为学务处负责人对一位信仰基督教理念和原则的人颇为信任。在认真考虑了唐国安的建议之后，他们决定委托约翰·墨特（穆迪——引者）先生，为这所刚刚成立的'赔款学校'选聘合适的教员。由于墨特先生与美国有良好资质的教师组织有密切的接触，并且有必要的办公场所。由他主持选聘美国教师足以体现学务处负责人的远见卓识。经过缜密细致的选聘，组成了17人的美国教师团。"①

1911年2月24日，17位教师及其家属共24人到达北京。②这批教师有：教授历史的Carroll B. Malone，教授物理的Peter Irving Wold，教授英文的Ernest Ketcham Smith，教授数学、英文的Emma S. Liggett，教授德文的Betrice Boardman Pickett，教授历史的Julia Pickett，校医兼教授生物的Richard Arthur Bolt等，体育教员Arthur Shoemaker暑假后到校。③

据《申报》报道，在美国办完事后，唐国安和唐彝由纽约搭轮渡经大西洋赴欧，作欧洲之游，将由西伯利亚铁路回国。④途径伦敦，唐国安应邀出席中国留学生欢迎会，发表演讲，畅谈上海万国禁烟会情形。1909年12月25日，唐国安致电外务部，称当日启程回国，改走水路坐船回国，约1月30日到上海。⑤回国后，唐国安升为外务部主事。

1910年8月，唐国安主持招考第二批留美学生。由于游美肄业馆还在施工，第二次考选留美学生只招考第一格学生，先行派遣，待肄业馆完工后再招考第二格学生。各省考取的第一格学生，于1910年7月16日前到京参加留学考试。第二格学生暂行回籍，次年2月18日前到京复试。⑥

---

① 博尔特：《北京清华学校》，转引自孟凡茂：《唐国安先生年谱简编》，清华大学校史馆网站，http://xsg.tsinghua.edu.cn/info/1003/1266.htm，2021年4月3日访问。
② 《清华教习到京》，《大公报》，1911年2月25日，第2张第1版。
③ 博尔特：《北京清华学校》，转引自孟凡茂：《唐国安先生年谱简编》，清华大学校史馆网站，http://xsg.tsinghua.edu.cn/info/1003/1266.htm，2021年4月3日访问。
④ 《留美学生护送员之行程》，《申报》，1909年12月13日，第1张第5版。
⑤ 《申报》，1910年1月5日，第1张第5版。
⑥ 《游美第二格学生展期覆试》，《教育杂志》，1910年第2卷第6期，第46页。

　　7月21日，各省选派的第一格学生434人在法政学堂讲堂（即京师大学堂进士馆，今北京西城区力学胡同，原名李阁老胡同）参加考试。考试共分四场，第一场考国文和英文。上午考中文，考题是出自《孟子》的"不以规矩不能成方圆说"；下午考英文，题目是"借外债筑路之利弊关系论"和五道文法题，时间为3小时。①第一场考试平均分数合格者均被录取，共录取272人。②26至28日举行复试。26日第二场，考高等代数、平面几何、希腊史、罗马史、德文和法文；27日第三场，考物理学、动植物学、生理学、平面几何、三角函数、化学；28日下大雨，停考一天；29日第四场，考立体几何、英国史、美国史、地理学和拉丁文。30日体检。③

　　8月2日揭榜，其中70人"分数较优"，"迳送赴美学习"，143人"各科学力深浅不齐而根底尚有可取，年龄亦属较轻"，收入游美肄业馆高等科分班学习。④

　　由于唐国安要随梁敦彦秘密出使他国，不能派送赴美，因此第二批留美学生由唐彝、严崇智和教务长胡敦复带领出洋。他们8月16日由上海出发，9月10日抵达旧金山港，仍乘坐"中国"号邮轮，航线与第一次相同。⑤这批学生均达到美国大学的入学水平，入读美国大学学习农、工、商、矿、理、医、文学等科。⑥

---

①　《外学两部考试游美学生北京》，《申报》，1910年7月28日，第1张第6版。赵元任：《赵元任早年自传》，长沙：岳麓书社，2017年，第95页。

②　《考试留美学生草案》，《申报》，1910年8月5日，第1张第5版。

③　孟凡茂：《唐国安先生年谱简编》，清华大学校史馆网站，http://xsg.tsinghua.edu.cn/info/1003/1266.htm，2021年4月3日访问。

④　《游美学务处为呈报本年分场考试情形并录取游美学生表册事致外务部呈文》（1910年8月4日），《清代外务部中外关系档案史料丛编——中美关系卷》第5册，第536—537页。

⑤　《申报》，1910年9月13日，第1张第3版。韦季刚：《美国国家档案馆藏前三批庚款留美学生入境美国资料》，清华大学校史馆网站，http://xsg.tsinghua.edu.cn/info/1003/1203.htm，2021年4月3日访问。

⑥　《外务部为奏报第二次遣派学生到美入学情形事奏稿》（1911年1月25日），《清代外务部中外关系档案史料丛编——中美关系卷》第5册，第584—586页。

### 三、清华学堂副监督

游美肄业馆是临时性的培训机构，不是正规学堂，每年招收的学生很多，但留学名额有限。按原计划，每年招收学生400人，但头四年派出学生仅100人，从第五年开始降为50人。只有少部分学生能够出国，剩下的学生前途没有着落。1910年7月，录取第一格学生143人；1911年2月在京招考第二格正取生116人，备取生25人，加上各省选派学生184人，学生人数达468人。其中3/5编入初等科，其余编入高等科。

1910年12月，唐国安等考虑到游美肄业馆的学生不一定都能赴美留学，向学部和外务部提议将游美肄业馆改名清华学堂，同时立案，使清华学堂成为学堂系统的组成部分。[①]1911年1月5日，学部给游美学务处回札，批准游美肄业馆改为清华学堂并咨行外务部。[②]1911年4月9日，外务部会同学部奏请将游美肄业馆改名清华学堂，通过清华学堂章程。11日，宣统皇帝御批奏请，游美肄业馆正式改名清华学堂。[③]清华学堂设监督和副监督，周自齐是监督，唐国安和范源濂为副监督。

肄业馆改为清华学堂后，学额增至500名，分初等、高等两科，各4年。高等科分科教学，参照美国大学课程，学成后择优派往美国；不能赴美的学生，在清华学堂也能受到系统的教育。[④]

1911年2月，游美学务处和清华学堂入驻清华园，举行招生考试。先举行第二格学生招生考试初试。报考者1000余人，200余人弃考，[⑤]录取正取

① 《外务部学部呈明游美肄业馆改名为清华学堂缘由》（1910年12月），《清华大学史料选编》第1卷，第141—142页。
② 《学部札核准游美肄业馆改名清华学堂并应将初等科改名中等科编定高等中等两科课程报部查核》（1911年1月5日），《清华大学史料选编》第1卷，第142—143页。
③ 《外务部札奏准游美肄业馆改名清华学堂订章开学》（1911年4月11日），《清华大学史料选编》第1卷，第143—145页。
④ 《学部札核准游美肄业馆改名清华学堂并应将初等科改名中等科编定高等中等两科课程报部查核》（1911年1月5日），《清华大学史料选编》第一卷，第142—143页。
⑤ 《申报》，1911年2月25日，第1张第6版。

生116人，备取生25人。①《申报》记载考试时间是13日和14日，而《吴宓日记》则记为12日和14日。第一日考历史、地理和国文，历史、地理各出9题，选其中6题作答。②第二日考英文，分为两种题型，一是默写，默写"文二节、诗二节"，二是翻译和语法，考核三类知识点：名词的复数形式；代名词的所有格和目的格；动词的时态变化。考生吴宓认为题目不难。③

3月5至6日，游美学务处在宣武门内学部考棚举行游美第二格学生复试。各省咨送的学生和初试录取的正取生、备取生近300人，一同参加考试。此次考试其实是分班考试，目的不在刷人，而在于甄别高下，确定年级，因此多数科目是选题作答，难度有高有低。

第一天上午9时考国文，5道题选一题作答。吴宓选了"古今文派变迁说"；中午12时半考历史，9选5；下午2时半考地理，6题都要作答。地理考试侧重国内地理，蒙古各旗各出一题，还考了正在建设的葫芦岛港，体现清王朝对边疆问题的重视，紧跟时事。④

第二天上午考英文，4选2；下午考数学，分甲乙丙三种题型，每种4题，选2种题型作答。⑤

3月30日，清华学堂初等科暂行开学，开学典礼在礼堂（今同方部）举行。据《吴宓日记》记载："十一时举行开学礼，职员、学生俱在。礼堂设于甲所，即高等科学生之住所也。管理人分学生为六排，依次入，行谒见至圣礼（三跪九叩）及谒见职员礼（三揖）而退。旋由总办周、教员某某、监督范先后演说，言此校亦以退还之赔款成立，凡学生一切皆系官费云

---

① 《宣统三年游美学务处考取第二格学生名单》，《清华大学史料选编》第1卷，第138—140页。
② 吴宓：《吴宓日记》第1册，吴学昭整理注释，1911年2月13日，北京：生活·读书·新知三联书店，1998年，第21页。
③ 吴宓：《吴宓日记》第1册，1911年3月2日，第29页。
④ 吴宓：《吴宓日记》第1册，1911年3月5日，第30页。
⑤ 吴宓：《吴宓日记》第1册，1911年3月6日，第31页。

清华学校高等科学生（《益智》1913年第2卷第2期，全国报刊索引数据库）

云。"①此时唐国安仍在出访途中，无法出席清华学堂的开学典礼。

　　清华学堂开学不久，由于总办周自齐出国参加英王加冕典礼，唐国安作为梁敦彦的秘书和英文翻译秘密出访美国和德国，外务部派颜惠庆代理监督，范源濂仍为副监督。

　　1911年2月制定的《清华学堂章程》规定："本学堂监督，以游美学务处会办兼任总理全堂一切事宜"；"教务长主任教授管理事宜。凡延订教员、管理员，厘定功课，考核成绩，皆商承监督办理。"②清华学堂第一任教务长是胡敦复③。他在任期间，清华实行选课制。

---

① 吴宓：《吴宓日记》第1册，1911年3月30日，第44页。
② 《清华学堂章程》（1911年2月），《清华大学史料选编》第1卷，第149—150页。
③ 胡敦复（1886—1978），江苏无锡人，毕业于南洋公学，1907年留学美国康奈尔大学，攻读数学。1909年获学士学位。同年回国，任职于游美学务处。创办大同学院，后改为大同大学。曾任国立北京女子大学校长、国立北洋大学理学院院长、上海交通大学数学系主任、教授。合译有《积分方程式之导引》，著有《几何学》《新中学几何学》等教科书。（周川主编：《中国近现代高等教育人物辞典》，福州：福建教育出版社，2018年，第470页）

学堂学科分为10类：哲学教育类、本国文学类、世界文学类、美术音乐类、史学政治类、数学天文类、物理化学类、动植生理类、地文地质类、体育手工类。每类学科不同学年学分不同。高等科每学期须修够8.5个学分，其中体育手工类要修够0.5个学分；中等科每学期修完9个学分，其中美术音乐类和体育手工类要修够0.5个学分。高等科修满140个学分且在读一年及以上可以毕业，中等科修满92个学分可以毕业。①

据当时在读的吴宓记载："学生不定班级，惟将各学科别为若干等级，而视各生于各科已有之程度优劣如何，定其入该学科时班次之高下。故一人往往于国文班次甚高，而英文则反其低。因而修业时间表亦各人不同。概皆每星期二十九小时，每日则别为七学时，依此分配。"②所谓选课制，即学生不分年级，只按各学科学习程度修相应等级的课程，中等科学生也可以和高等科学生合上一门课。学生课程班次的升降，只看学习程度高低和进步快慢，"不定以年限拘人"。③

学生不按年级上课，也就无分班级的需要。白天除午餐时间，学堂寝室是关门的。学生除了上课，大部分时间都待在自习室，因此，为了方便学生学习和学堂管理，学生在自习室的位置是固定的。

胡敦复任教务长仅两个月，就因与美国教员教学理念不合被迫辞职。此事在学生中引起很多议论。周自齐向学生解释胡敦复的离职原因：

> 胡先生为人才学极富，且就任以来办事亦极有条理，但诸种举动皆嫌过于专制，自拿主意，不与众商量，所以同那些美国教员狠不和睦，而且性气高傲，连我们总办、监督全莫有放在眼中，众职员亦不喜他，而且学生中又有许多谣言。所以，如此接着办下去，将来必至于闹到大大决裂的地步。

---

① 《清华学堂章程》（1911年2月），《清华大学史料选编》第1卷，第146—148页。
② 吴宓：《吴宓日记》第1册，1911年3月31日，第45页。
③ 吴宓：《吴宓日记》第1册，1911年4月5日，第48—49页。

周自齐进一步解释：美国教员本身就想插手清华学堂的管理权，不仅想当教务长，还想当总办、监督。万一将来胡敦复行事过于专制，与监督们闹决裂了，美国教员一定会进行干涉，说中国办不成事，进而争夺学堂的管理权。到那时，监督们也无能为力。为避免出现这种情况，不如趁现在息事宁人，请胡敦复离职。胡敦复此时离职，学堂还可以新聘一位中国教务长，把教学管理权掌握在自己人手里。[①]

胡敦复辞职后，清华学堂聘南开中学校长张伯苓继任教务长。之所以选择张伯苓，一是因为他"曾在保定、天津办过学堂，成效卓著"，二是因为他"与美国人相处亦甚相得"，不会轻易与美国教员发生矛盾，且他虽信仰基督教，"决不以宗教来施之教育"，是教务长的理想人选。[②]

胡敦复5月离开清华，张伯苓于8月新学期开学前到任，期间由范源濂代理教务长事务。

张伯苓到任后，与唐国安、范源濂等商议改订学堂章程。首先，改变修学年限。原章程规定中等科和高等科各4年，现改为中等科5年，高等科3年，与普通中学堂和高等学堂保持一致。这样一来，中等科学生毕业后如不能升入清华学堂高等科，也可以正常投考其他高等学堂；高等科学生毕业后如不能赴美留学，也可以投考国内的大学堂。其次，学生修学方式由选课制改为班级制。学生按成绩划分年级、班级，按年级确定课程。[③]

1911年6月19至22日，清华学堂举行中等科甄别考试，其中274人合格，23人不合格退学，3人假满未到被开除。6月23至29日，学堂举行高等科考试。[④]

清华学堂开学后面临的一个棘手问题，是采用什么方法考选第三批留学

---

① 吴宓：《吴宓日记》第1册，1911年5月12日，第67页。
② 吴宓：《吴宓日记》第1册，1911年5月12日，第67页。
③ 《清华学堂章程》（1911年9月6日），《清华大学史料选编》第1卷，第152—153页。
④ 《游美学务处呈报清华学堂中等高等两科考试情形及留堂退学各生清折事致外务部呈文》（1911年7月7日），《清代外务部中外关系档案史料丛编——中美关系卷》第5册，第670—671页。

生。代理监督颜惠庆与学堂、美国教师等各方商讨后，提议仍按考选第二批学生的办法在清华学堂内部进行考试，符合要求的派往美国留学。①

6月23至29日，清华学堂举行高等科考试暨第三次留美学生招考。主考14门功课，分别为中文论说、中国历史、中国地理、英文论说、英文文法、修辞学、文学史、代数、几何、三角函数、物理化学、世界历史、英国史和美国史，另外，还考核植物学、动物学、地文学、德文、法文、拉丁文。②

130名高等科学生参加考试，以考试成绩和平时品行学业积分决定去留。其中63人赴美留学，55人继续留堂学习，8人不及格退学，4人假满未到被开除。③这批学生由游美学务处英文教员钟文鳌、英文文案谭明甫带领出洋，仍在上海置办行装。依据唐国安开创的惯例，他们在上海受到上海青年会和寰球中国学生会的热烈欢迎。

8月4日晚，上海基督教青年会举行留美师生欢迎会。官绅商学各界到会者约五六百人，颇极一时之盛。先由青年会会长宋耀如宣布开会宗旨，接着美国领事维礼德（Amos P. Wilder）、留美学生会书记王正廷、留学生委员谭焕章和钟文鳌、青年会书记饶柏森等相继发表演说。上海道台也派人参会，代为致辞。④

次日，寰球中国学生会开会欢迎留美学生，李登辉、朱少屏、伍廷芳、周诒春、中国税务司麦礼尔、美国驻沪总领事维礼德等出席欢迎会并发表演说。此后，寰球中国学生会开会欢迎庚款留美学生几成惯例。大概从1914年

---

① 罗邦杰：《赴清华学堂读书的回忆》，《清华校友通讯》复2期，1980年10月，孙哲主编：《春风化雨：百名校友忆清华》，北京：清华大学出版社，2011年，第2页。

② 《游美学务处呈报清华学堂中等高等两科考试情形及留堂退学各生清折事致外务部呈文》（1911年7月7日），《清代外务部中外关系档案史料丛编——中美关系卷》第5册，第670—672页。

③ 《游美学务处呈报清华学堂中等高等两科考试情形及留堂退学各生清折事致外务部呈文》（1911年7月7日），《清代外务部中外关系档案史料丛编——中美关系卷》第5册，第670—672页。

④ 《青年会欢迎留学生》，《申报》，1911年8月6日，第2张第2版。

开始，庚款留美学生出国事宜主要由寰球中国学生会负责办理。①

8月10日，赴美师生乘坐"波斯"号邮轮，途经长崎、神户、横滨和夏威夷的檀香山，于9月4日抵旧金山港。②

1911年8月4至12日，清华学堂招考100名插班生。中等科和高等科不分别招生，招考后根据学生程度插入相应年级。这次考试也分四场，考过第一场国文、英文和代数后方能参加接下来的考试。与此前招考不同的是，以前第一场只考国文和英文，这次加入了代数。第一场有近500人参加考试，其中160人通过。10至12日考第二、三、四场，考几何、三角函数、物理、化学、中国历史、外国历史、地理、动植物学和生理学、地文学和地质学、德文或法文10个科目。③

此次考试共录取100人，大部分学生插入高等科低年级和中等科高年级。其中9人编入高等科三年级，24人编入高等科二年级，38人编入高等科一年级，24人编入中等科五年级，5人编入中等科四年级。④

1911年9月，遵梁敦彦之命，清华学堂从中等科学生中甄别录取14名幼年生作为特选游美生赴美入读中学。此时，唐国安已回到清华，主持了这次考试。据刘崇鋐回忆，考试英文时，唐国安先读一段英文，考生跟着听写。"唐老先生英文太好，念得非常流利，只是苦了笔者跟不上，尤其每句之末来一个'Period'，简直莫名其妙。"⑤

① 李克欣主编：《中国留学生在上海》，上海：东方出版中心，2013年，第37—38页。
② 韦季刚：《美国国家档案馆藏前三批庚款留美学生入境美国资料》，清华大学校史馆网站，http://xsg.tsinghua.edu.cn/info/1003/1203.htm，2021年4月3日访问。
③ 《游美学务处为考试添招清华学堂学生情形及开列取定学生姓名清册事致外务部呈文》（1911年8月28日），《清代外务部中外关系档案史料丛编——中美关系卷》第5册，第709—710页。
④ 《游美学务处为考试添招清华学堂学生情形及开列取定学生姓名清册事致外务部呈文》（1911年8月28日），《清代外务部中外关系档案史料丛编——中美关系卷》第5册，第710页。
⑤ 刘崇鋐：《我对清华的回忆》，董霖总编：《国立清华大学》，台北：南京出版有限公司，1981年，第276页。刘崇鋐把这次考试错记成了2月的第二格学生招生考试，当时唐国安不在国内，不可能主持考试，应为9月的幼年生选拔考试。

## 第二节

# 艰难复校

### 一、闭校、复校经过

清华学堂第二学期开学不到两个月，武昌起义爆发。各地人心惶惶，京师恐慌，清华学堂也不能独身事外。

不少学生心神不宁，寻求避难之所。清华虽处郊外，消息不通，但不少同学"或虑家中之安危，或虑居此将来之吉凶，以故纷纷请假入城探获消息"；请假回家或前往天津、上海避难者不乏其人，留在学校的也"惶惶无定止，心咸思所以为计"。①到十月底，全校学生"几去其半"。②

清华园孤悬城外。据吴宓的日记，主要有以下三个风险：一是满族人的威胁。清华园的18个巡警都是满人。他们的亲族在周围以耕作为生，生活条件并不好。起义军又声称排满兴汉，万一满人愤起伤害汉人，师生们根本无法抵抗。二是匪患。乱世盗匪多。清华远在郊外，只有少量满人巡警，根本不足以抵抗盗匪。三是缺钱缺粮。一旦军事紧张，清华的经费很可能被截留，无法按时获得钱粮。③

起初，学堂不允许学生随意请假回家。10月28日，唐国安和范源濂发表演说："自今日起，一概不准请假。凡欲去者，皆当作为自行退学，不能再算本校生徒。如留此者，则当照常上课。校中管理、教授一切事宜照常进行，与平日无异。"他们承诺将竭力保护学生。但因想请假回家的学生太

---

① 吴宓：《吴宓日记》第1册，1911年10月17日，第163页。
② 吴宓：《吴宓日记》第1册，1911年10月27日，第174页。
③ 吴宓：《吴宓日记》第1册，1911年10月26日，第172页。

多，学堂改为请假超过一个月才开除。①

到了11月5日，学堂学生已经走了一大半，仅剩120人左右。中国教员也纷纷请假或辞职，学堂只剩下管理员和美国教员。学堂决定停课一个月，视情况决定是否延长听课时间；学生可离校逃难也可留校自习。

情况如此不明朗，师生们还能呆在学堂，一是因为学堂的巡警已经换成了汉人，且添招了若干人；二是因为清华学堂是由美国退还的庚子赔款兴办的，美国公使承诺一旦事态紧急，使馆可派兵保卫。②

不幸的是，三天后，美国公使称事变紧急，不能分兵保护学堂。学堂无法维持。因此，唐国安等向学部申请暂行解散学堂，将剩余的3000元经费分发给在校学生作旅费，大概每人可分得20元。所有职员、学生均于9日清晨搬离学堂。③

12月，唐国安、周自齐、范源濂三人均因公务离开清华学堂，而教务长张伯苓早在武昌起义前就离开了，只剩庶务长唐孟伦带人守卫学堂。

周自齐和范源濂作为北方议和团成员南下参加南北议和，兴趣转向政治。周自齐自1912年1月起，不再担任清华学堂监督，3月任山东都督，3月13日入唐绍仪内阁，任交通总长。范源濂也加入唐绍仪内阁，任外交部次长。唐国安则于1911年12月1日作为中方代表前往荷兰海牙参加万国禁烟会。

1912年3月，唐国安回国，继续守护清华园。同时，随着局势逐渐稳定，清华着手复校，准备开学。

3至4月间，唐国安在报上刊登广告，通告清华复课消息，定于5月1日开学。后因学生多未按时到校，宽限至5月20日报到。④由于周自齐和范源濂皆

---

① 吴宓：《吴宓日记》第1册，1911年10月28日，第175页。
② 吴宓：《吴宓日记》第1册，1911年11月5日，第183页。
③ 吴宓：《吴宓日记》第1册，1911年11月8日，第186—187页。《清华学堂停课》，《顺天时报》，1911年11月16日，第7版。
④ 《清华学堂开学》，《顺天时报》，1912年5月10日，第2版。

有其他职务，不再兼任学堂监督，唐国安被任命为清华学堂监督，总管学校一切事务。

## 二、对清华学校的主导地位

1912年5月23日，唐国安以游美学务处的名义呈请外务部裁撤学务处，"嗣后考送学生，监督报告等事"，归并学堂办理。学务处的办事司员只留二三人，由学堂监督委任，其余一概裁汰。学务处的卷宗、账目、家具等都移交学堂接管。<sup>①</sup>由此，唐国安掌握了对学生的招考、教学、管理、选拔以及监督等权力，确立了清华学堂的统一管理体制。这在清华校史上是一大转变，也更加突显出唐国安的作用和地位。

10月17日，唐国安向外交部递交呈文，请求按照《普通教育暂行办法通令》，将清华学堂改称清华学校。<sup>②</sup>清华学堂改为清华学校后，唐国安被委任为该校校长，周诒春为副校长。

1913年2月19日，唐国安请求将清华学校校长由委任改为荐任。《中央行政官官等法》规定，中央行政官除特任官外，分为9等，对应3种任命方式。第1第2等是简任官，第3至第5等是荐任官，第6至第9等是委任官。<sup>③</sup>《各部官制通则》规定，各部参事、司长、秘书、佥事是荐任官。<sup>④</sup>1912年10月26日，唐国安被委任为清华学校校长，但是薪额比照各部参事。参事的任职属于荐任，因此，唐国安请将校长任命改为荐任，使名实相符。<sup>⑤</sup>

对于唐国安来说，本就不是中央行政官员，且已享受了参事待遇，是

---

① 《外务部学部呈报裁撤学务处归并学堂并将关防毁销》（1912年5月23日），《清华大学史料选编》第1卷，第155—156页。

② 《呈外交部文》（1912年10月17日），《清华大学史料选编》第1卷，第158页。

③ 《中央行政官官等法》，神州编译社年鉴编辑部编：《民国三年世界年鉴》，上海：神州编译社，1914年，第57—58页。

④ 《各部官制通则》，神州编译社年鉴编辑部编：《民国三年世界年鉴》，第61页。

⑤ 《唐国安、周贻〔诒〕春呈外交部将清华学校校长由委任改荐任的呈文》（1913年2月19日），珠海唐国安纪念馆展出复印件。唐绍明指出唐国安和周诒春请将校长任命由"委任"并为"简任"，惜未看到史料原文。（唐绍明：《清华校长唐国安》，第361页）

否改为荐任对其本人虽有影响，但影响不大。而对于学校来说，校长的级别关系到学校的级别。如果校长改为荐任，学校的地位将有所提升。唐国安此举，不仅是保障了自身的利益，更是为了提高清华学校地位。

清华学堂原来受到清廷外务部和学部的双重管辖。民国成立后，范源濂任教育部长，提议由外务部管清华学校，教育部不再过问学校事务。"清华初成立时，系由外务部与学部会辖。民国成立后，范源濂任教育总长，提议清华归外部管辖，与教育部脱离关系。在唐周二校长任内，外部至非事事过问，不过居于顾问地位而已。"[①]民国初期，外交部很少插手清华事务。外交部之所以放手对清华的管控，一是因为当时外交部诸事繁多，人事更换频繁，放松对清华的管理，二是因为外交部与清华的密切关系。

1912至1913年，颜惠庆任外交部次长。此时，外交总长频繁更换，无暇兼顾清华。在颜惠庆的支持下，唐国安可以大刀阔斧进行改革。唐国安与颜惠庆是多年好友，与颜氏父子关系密切。唐国安与颜惠庆同为上海圣约翰学校教师，同为上海基督教青年会创办人，一起主办《南方报》英文版，不仅在工作上有联系，私下交往也很密切。1903年，颜惠庆在唐国安的邀请下参观香港、香山县和广州，拜见了唐绍仪[②]，曾帮唐国安代付钱款[③]，两人关系非同一般。

学校的领导层也支持唐国安的工作。当时学校的领导层是正副校长、教务长、庶务长和斋务长。周诒春是副校长兼教务长，毕业于圣约翰大学，曾留学美国，教育理念与唐国安相似，都主张德、智、体"三育"。1913年唐国安因病辞去校长职务时，曾向外交部举荐周诒春继任。庶务长是唐彝，唐国安的族侄，支持唐国安的教育举措。斋务长陈筱田也积极配合唐国安

① 《校史》，《国立清华大学廿周年纪念刊》，北京：国立清华大学出版社，1931年，第3页。
② 颜惠庆：《颜惠庆自传：一位民国元老的历史记忆》，第56页。
③ 颜惠庆：《颜惠庆日记》第1卷，1908年1月1日，上海市档案馆译，北京：中国档案出版社，1996年，第1页。

的工作。

唐国安与清华的中英文教员维持着良好的关系。颜惠庆在代理游美学务处总办时期，聘用了不少圣约翰学校的毕业生任清华学堂教员。唐国安也曾在圣约翰任教，和这些中文教员有相似的教育经历和教育理念，相处颇为融洽。清华的英文教员主要是美国人，由唐国安委托美国的基督教青年会代为聘任。他们不少是青年会会员，与唐国安有共同的信仰。

外交部的支持确保了唐国安对清华的主导地位。再加上周诒春、唐彝、陈筱田一班人的帮助和中美教员的配合，唐国安可以比较顺利地对清华进行改革，推行自己的教育政策。

### 三、筹借经费

辛亥革命后，各省停解赔款。自11月起，各省停止赔付庚子赔款[1]，美国也不再向中国退还庚子赔款，游美学务处失去经费来源；加上财政部也无钱接济，导致清华学堂和驻美学生监督处经费日绌。身为学校负责人，借筹经费成为唐国安的主要工作之一。

1911年11月，清华经费出现问题。吴宓在日记中记录了学校的窘境："闻本校近日经费非常支绌，盖以度支部供给军费实难筹划，更无余力可筹教育费。以故本月初三日正届本校向度支部领支款项之期，竟未领得，其近日之支绌可知。或又谓现政府议将各国赔款暂停半年，坐是则本校经费骤而停止，以故或则谓本校有停办之议。"[2]

为了维持学堂和游美学生经费，自1912年2月至1913年8月，游美学务处和清华学校先后借款9次，其中8次借款发生在唐国安主校期间。这段时间，清华没有稳定的经费来源，唐国安多次向外交部诉苦，请求拨款，未果。无奈之下，学校四处借款，拆东墙补西墙，可谓吃了上顿没有下顿，只能勉力维持。

---

[1] 《庚子赔款办法事》（1912年12月20日），《中美往来照会集（1846—1931）》第12册，第32—33页。

[2] 吴宓：《吴宓日记》第1册，1911年11月3日，第181页。

1912年2月6日，周自齐代表游美学务处向华比银行北京分行借款公砝银6万两，年利9厘，用作清账和教职员薪水。此次借款以一年为最短期限，到期后可延长，但须每半年还一次款。①1913年2月4日，借款即将到期。由于政府没有给清华拨款，唐国安无力偿还，与华比银行磋商，还款期限延期三个月至1913年5月6日。②5月6日到期后，还是无钱还款，又延至8月6日。此这次延期利息共公砝银1350两。直到收到美国退还的庚子赔款后，才于1913年9月5日还清赔款和利息。③

为了复校和维持游美学生经费，唐国安先后两次向花旗银行借款。

1912年3月8日，唐国安向花旗银行华盛顿分行借美金15.6万元，年息6厘，以8个月为期，至1912年11月8日本息合计16万。④

1912年4月20日，由于财政部无法将美国退还的庚子赔款拨给清华学堂，唐国安与花旗银行北京分行订立借款合同。此次借款公砝银3万两，用作学堂经费，以美国退还的赔款为担保。1912年4月15日起，花旗银行每月提供1万两，周年利息7厘，由每月付款之日算起至归还之日止。此项借款以6个月为期，清华须于1912年10月15日还清本息。⑤最终是1913年1月18日向美国资本团借款后还清。

靠举债度日，复校后第一个学期顺利结束。但是，下一个学期的经费还

①　《外交部抄送游美学务处借款合同复财政部函》（1912年9月17日），财政科学研究所、中国第二历史档案馆编：《民国外债档案史料》第4卷，北京：中国档案出版社，1992年，第64页。
②　《外交部抄送展期合同致财政部公函》（1913年2月4日），北京民国政府财政部档案（1027），《民国外债档案史料》第4卷，第65页。
③　《外交部关于华比银行第二次展期利息已付讫致财政部公函》（1913年9月6日），《外交部关于华比银行华俄银行借款已偿清致财政部公函》（1913年9月23日），北京民国政府财政部档案（1027），《民国外债档案史料》第4卷，第66—67页。
④　《外交部管辖清华学校应还外债清单》（1912年10月18日），《外交部检送新借债款表复财政部公函》（1913年4月30日），北京民国政府财政部档案（1027），《民国外债档案史料》第4卷，第106—108页。
⑤　《清华学堂借款合同》（1912年4月20日），北京民国政府财政部档案（1027），《民国外债档案史料》第4卷，第115页。

没有着落。为此，唐国安请求财政部返还存款。

1912年8月22日，唐国安以"学堂经费告罄，筹借无路"为由，请财政部将拨还存款。美国从1911年2月开始退还庚子赔款，每月退还4.5万美元，约合库平银7万两。截至1911年9月，美国共退还56万多两，均由清廷度支部查收，除拨给清华学堂和游美监督外，还剩19万两，加上利息，有20多万两。但是辛亥革命后，这笔钱被政府挪用，一直没有拨给清华。新学期即将开学，美国教员的薪金、学生的膳费、游美学生的学费等均需大笔银钱。唐国安"焦灼万分，屡从借款着想，四出磋商，乃无一路应手"，只能寄希望于财政部"将所欠本学堂之款二十余万两迅予拨发，以济急需"。①但是，新政府成立不久，各项事务急需用款，根本顾及不了清华学校。

同日，唐国安向华俄道胜银行北京分行借款公砝银7000两，月息8厘，以6个月为期，1913年2月到期清还。②

1912年9月，驻美监督张荫棠向花旗银行纽约分行借款美金1.5万元，周息5厘，以2个月为期。③

1912年11月13日，唐国安又向华俄道胜银行借款公砝银1.3万两，月息8厘，以6个月为期。因无款偿还，延期半年至1913年11月，于1913年9月13日还清还本金1.3万两及利息416两。④

1912年11月26日，唐国安向由摩尔根公司、根利公司、美国第一国家银行暨纽约国家银行组成的美国资本团借美金20万，年息6厘，以美国退还的

---

① 《外交部呈国务大总理请财政部返还存款的呈文》（1912年8月22日），珠海唐国安纪念馆展出复印件。

② 《财政部关于道胜银行七千两借款已还清致财政部公函》（1913年2月28日），北京民国政府财政部档案（1027），《民国外债档案史料》第4卷，第188—189页。

③ 《外交部检送新借债款表复财政部公函》（1913年4月30日），《民国外债档案史料》第4卷，第107—108页。

④ 《外交部关于道胜银行一万三千两借款展期事致财政部公函》（1913年4月25日），北京民国政府财政部档案（1027），《民国外债档案史料》第4卷，第189—190页；《外交部关于华比银行华俄银行借款已偿清致财政部公函》（1913年9月23日），北京民国政府财政部档案（1027），《民国外债档案史料》第4卷，第66—67页。

庚子赔款作抵。此项借款除了用于学校经费，还用于偿还1912年9月向花旗银行借的1.5万美金。由于合同规定"准于收到美国拨还第一次赔款项下归还"，因此，1913年8月美国拨还第一次庚子赔款后还清了此项借款。[①]

为了偿还1912年3月和4月向花旗银行借的15.6万美金及公砝银3万两，1913年1月16日，唐国安又向美国资本团借款。[②]

由于前次借款规定"倘若再欲借款，先须与美国摩耳根公司或驻北京美国资本团代表商议，盖此种借款如与此次合同办法相同，美国资本团应有优先权"，因此此次借款还是向摩尔根公司、根利公司、美国第一国家银行暨纽约国家银行组成的美国资本团借款。[③]此次共借美金18.5万元，还款期限为一年，规定于1913年1月16日全数交给花旗银行纽约分行，由清华在美国的留学监督黄鼎领取。且规定，一旦中国临时政府收到美国的退款，在偿还1912年11月向资本团借的20万美金后，优先偿还这笔借款，再还其他欠款。如果1914年1月16日借款到期时，美国还没退还庚款，中国政府要设法筹钱偿还。[④]1913年8月美国拨还第一次庚子赔款后，还清了此项借款。

1913年6月，由于游美经费不足，1912年6月毕业的留学学生无法赴美入学，成为"继续班"留在清华继续读书。1913年6月，又到派送留学生的时候。为了解决游美经费，唐国安授意驻美监督黄鼎"就近磋商借款"。[⑤]美国资本家卡利基有意借美金20万元，每月借2万元，不订合同，不须利息，

① 《外交部抄送清华学校美资本团借款合同致财政部公函》（1912年11月30日），《财政部关于清华学校两次借款自应及早拨还复外交部函》（1913年8月28日），北京民国政府财政部档案（1027），《民国外债档案史料》第4卷，第281—283、285页。
② 《外交部关于清华学校向美国资本团借款事致财政部公函》（1913年1月14日），北京民国政府财政部档案（1027），《民国外债档案史料》第4卷，第311页。
③ 《外交部抄送清华学校美资本团借款合同致财政部公函》（1912年11月30日），北京民国政府财政部档案（1027），《民国外债档案史料》第4卷，第283页。
④ 《清华学校美国资本团借款合同》（1913年1月16日），北京民国政府财政部档案（1027），《民国外债档案史料》第4卷，第312—313页。
⑤ 《清华学校向美资本家卡利基借款事致外交部呈》（1913年6月11日），北京民国政府财政部档案（1027），《民国外债档案史料》第4卷，第535页。

不发债票，只要求用作留美学生经费，不用作学校经费。由于1913年8月美国拨还庚子退款，因此只向卡利基借了6月至8月3个月的经费，共6万元。[①]

1913年7月底，中国恢复偿还庚子赔款。8月6日，美国将应退还的698690.65美元交还给驻美张代办接收。[②]这笔赔款除供清华学校和游美学生使用外，还清偿了清华向美国资本团借的两笔债务。有了美国的退款，清华很快还清了所有债务，接下来的教学改革和校园扩建也有了稳定的资金来源。

1914年清华学校派送游美学生（《教育杂志》1914年第6卷第7期，全国报刊索引数据库）

### 四、扩大校园

1909年9月，游美学务处接收清华园。清华园内有永恩寺，由僧人管理；周围还有400多亩空地，由农人租来耕种。次年，周自齐给僧人和佃户发给恤银，请他们搬走，把土地收回。清华学堂有了400多亩土地。

---

① 《外交部关于卡利基及罗克福乐借款事致财政部公函》（1913年6月28日），《驻美黄监督关于卡利基借款偿还情况呈》（1913年10月），北京民国政府财政部档案（1027），《民国外债档案史料》第4卷，第536—538页。
② 《通告美国退还赔款已由驻美中华代办接收》（1913年8月15日），《中美往来照会集（1846—1931）》第12册，第79—80页。

但是，已有的校址并不足用，"高等之外复有中等，学生既多，班次自繁，教室每虞不敷，斋舍亦极拥挤，陆续添招，尚无已时"。为了长远发展，必须扩充校址，扩大规模。经过考察，唐国安认为学校附近的近春园旧址最恰当不过。近春园紧邻清华园，"荒土一片，林木无存，在彼长此旷废，并无若何用途"；如果拨给清华学校，"诚属天然构造"，不但"化无用为有用，且将垂故名于不朽"。①

1913年1月27日，唐国安呈请外务部将近春园旧址拨给清华学校。理由有三：

一是需要体育用地。清华注重体育，各操具备，但是球类运动、跑步竞走等运动需要场地。现有的室外操场不够大，且常因为天气原因无法正常开展运动，急需修建室内操场。

二是需要新建宿舍。清华学校次年要招收新生，中等科学生要跟高等科学生分开食宿，需要新建饭堂和宿舍。

三是需要空间修建理化实验室、图书馆等功能楼。②

同年冬，为使学校水流通畅，学校请将畅顺园东南隅划拨学校。这片地方是河流要道，有农民租佃。为便利种植，农民随意截留或堵塞水道，导致学校通水不畅。清华按禁卫军收用畅春园例接收两处地方，发给农民恤银，请其迁让。③

经过两次扩充，学校校址增加了900多亩。加上原有的400多亩，足够清华学校建筑校舍，甚至将来改办大学的空间都准备好了。

从唐国安给外交部的呈文可以看出，其对清华学校的长远发展已有全盘的考量。周诒春主持修建的"四大建筑"——图书馆、大礼堂、体育馆、科

① 《清华学校校长唐国安请拨近春园归清华学校呈外交部文》（1913年1月27日），顾良飞主编：《清华大学档案精品集》，北京：清华大学出版社，2011年，第8页。

② 《清华学校校长唐国安请拨近春园归清华学校呈外交部文》（1913年1月27日），《清华大学档案精品集》，第8页。

③ 《清华园与清华学校》，《清华周刊》十周年纪念号，1921年4月，《清华大学史料选编》第1卷，第22页。

清华园正门（《益智》1913年第2卷第1期，全国报刊索引数据库）

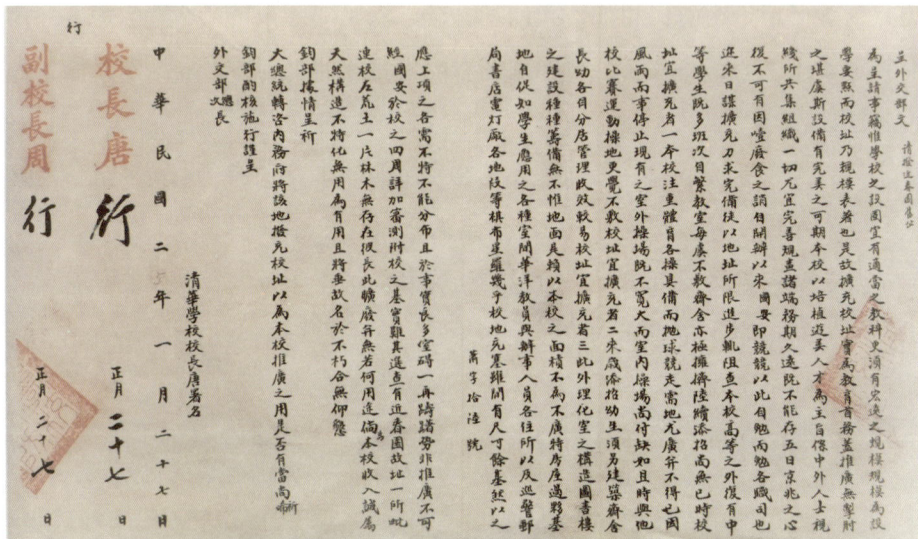

《清华学校校长唐国安请拨近春园归清华学校呈外交部文》（1913年1月27日）（顾良飞主编：《清华大学档案精品集》，北京：清华大学出版社，2011年，第8页）

学馆，已在唐国安的规划中。可惜天不假年，唐国安还没来得及实施其宏伟的计划，就病逝于任上。这些设想只能交由继任者周诒春付诸实践了。

## 第三节

## 整顿校务

唐国安自言，任校长以来，"精力耗于教务者半，耗于款务者亦半"。[①]清华学校的发展除了需要稳定的经费来源和充足的教学空间等物质条件，更需要整顿校务，提高教学水平。唐国安任校长期间，主持修订《北京清华学校近章》，改革学制，确定学校宗旨，贯彻实施德、智、体"三育"教育思想，基本确定了清华学校的教育框架。

### 一、主持修订《北京清华学校近章》

1910至1914年，清华先后形成三个章程：第一个是1910年2月形成的《清华学堂章程》，第二个是1910年9月修改后的《清华学堂章程》，第三个是1914年颁布的由唐国安主持起草、周诒春完成的《北京清华学校近章》（以下简称《近章》）。

《近章》延续前两个《清华学堂章程》的理念，规定清华学校的宗旨是"培植全才、增进国力"。[②]总的来说，唐国安任校长期间，学校的宗旨是培植全才，增进国力，这也是唐国安本人的教育观点。

1905年9月，《南方报》转载了李登辉的文章《上海寰球中国学生会》

---

① 《呈外交部文》（1913年8月21日），《清华大学史料选编》第1卷，第8页。
② 《北京清华学校近章》，《神州》，1914年第1卷第2册，别录第3页。

（The World's Chinese Students' Federation Shanghai）。文章盛赞日本人的爱国主义精神和牺牲精神，指出受教育者是国家的领导者，其任务是激发民众的爱国主义精神和牺牲精神，团结民众，为国家牺牲一切。[1]唐国安本人也多次强调爱国主义精神和自我牺牲的重要性。在《呼吁中国留学生》（Appeal to China's Foreign Educated Men）一文中，唐国安指出，留学生应该成为爱国者，忠于对国家的义务，将自己的知识与能力贡献给国家，为国家牺牲是自由的、光荣的。[2]他认为，教育要培养学生的爱国主义情感，使学生树立为国牺牲、为国所用的意识。这与清华学校"增进国力"的宗旨不谋而合，或者说，清华办学宗旨是唐国安教育理念的一种官方升级和表达。

至于"培植全才"，唐国安认为，只有德、智、体全面发展，养成完全之人格的学生才是"全才"，才是合格的国民。因此，他在清华推行"三育"教育。1914年清华年鉴指出，清华注重学生身体、思想和灵魂的发展，要求学生养成男子汉气概，成为合格公民，为社会服务，与人为善。[3]这正是"三育"思想指导下"完全之人格"的具体体现。《近章》的内容也充分体现了"三育"思想。

在学制上，《近章》较前两个章程有很大改动。在修业年限上，改回中等科和高等科各4年；在课程设置上，吸收美国大学的经验，将高等科分为文科和实科，分设必修课和选修课，兼顾"全才"教育和发展学生兴趣。中等科的课程设置也有所变化。[4]

下面两个表格为文科必修科课目表和实科必修科课目表。

---

[1] Lee Teng-hui, "The World's Chinese Students' Federation Shanghai", *South China Daily Journal*, 27th-28th September, 1905, 第4页新闻。

[2] Tong Kai son, "An Appeal to China's Foreign Educated Men", 《寰球中国学生报》, 1906年第1卷第1期。

[3] Chou Chi-pang, "History", the Students of Tsing Hua College, *The Tsing Hua Annual 1914*, Peking, 1914, p.10.

[4] 《北京清华学校近章》, 《神州》, 本段及以下几段均出于此。

**文科必修科课目表**

| 课目／每星期钟点／年级 | 修身 | 国文学 | 英文学 | 修辞作论 | 德法文 | 通史 | 上古文 | 中古文 | 美史 | 地文学 | 生理 | 物理 | 化学 | 高等算学 | 平面几何 | 经济 | 政治 | 手工 | 音乐 | 体操 |
|---|---|---|---|---|---|---|---|---|---|---|---|---|---|---|---|---|---|---|---|---|
| 第一年级 | 一 | 三 | 四 | 三 |  | 三 |  |  |  | 此科民国二年暂缺 三 | 二 |  | 此科民国三年应删去 二 | 三 |  |  | 一 | 一 |  | 一 |
| 第二年级 | 一 | 三 | 六 | 五 |  | 四 |  |  |  |  |  |  |  |  |  |  |  |  | 一 | 一 |
| 第三年级 | 一 | 三 | 五 | 五 |  |  |  | 四 |  |  |  |  |  |  |  |  |  |  |  |  |
| 第四年级 | 一 | 三 | 八 |  |  |  |  | 四 |  |  |  |  |  |  |  | 二 | 二 |  |  | 一 |

资料来源：《北京清华学校近章》，《清华大学史料选编》第1卷，第160页。

**实科必修科课目表**

| 课目／每星期钟点／年级 | 修身 | 国文 | 英文学 | 修辞作论 | 德法文 | 上古史 | 中古近代史 | 美史 | 地文 | 生理 | 物理 | 高等物理 | 化学 | 高等化学 | 高等算学 | 平面几何 | 立体几何 | 三角 | 高等代数 | 经济 | 政治 | 手工 | 用器画 | 体操 |
|---|---|---|---|---|---|---|---|---|---|---|---|---|---|---|---|---|---|---|---|---|---|---|---|---|
| 第一年级 | 一 | 三 | 四 | 三 | 三 |  |  |  | 此科民国二年暂缺 三 |  | 二 |  | 二 |  | 三 |  |  |  |  |  | 二 |  |  | 一 |
| 第二年级 | 一 | 三 | 六 | 五 | 四 |  |  |  |  |  |  |  |  |  |  | 四 |  |  |  |  | 二 | 二 |  | 一 |
| 第三年级 | 一 | 三 | 五 |  | 五 |  |  | 四 |  |  |  |  | 五 | 一 |  |  | 四 |  |  |  |  |  |  |  |
| 第四年级 | 一 | 三 | 五 |  |  |  | 四 |  |  |  | 五 |  |  |  |  |  |  |  |  |  | 二 | 二 |  |  |

资料来源：《北京清华学校近章》，《清华大学史料选编》第1卷，第162页。

从课表可以看出，文科有20门必修科，共93个课时；实科有24门课程，共110个课时。选修课课时文科略少于实科。总体来看，文科和实科大部分课程是相同的，实科的课时总量高于文科。

文科20门必修课中，除音乐课为实科选修课外，其余19门课程也是实科必修课；课时也几乎一样，除英文学多3个课时和手工少2个课时。而实科则比文科多了5门课程，分别为高等物理、高等化学、立体几何三角、高等代数、用器画，共20个课时。

实科的选修课种类比较少，只有音乐、第二外语、化学、分析几何、科学总论和高等化学6种。文科的选修课种类比实科丰富，有10种课程，除第二外语和分析几何外，还有拉丁文、心理、论理、立体几何、三角、高等代数、高等生理、算学总论8种课程。其中，前3种课程是文科类课程，后5种课程是实科类课程，有3种是实科必修课。

为了使学生们尽快适应美国大学课程，清华将高等科分为文科和实科。学生提前有针对性地学习相关课程。但由于清华的高等科只相当于美国大学一二年级，还需学习文科和实科中学程度的课程，因此，文科和实科的必修课有很多相同课程。这些课程是不论文科还是实科都需掌握的基础知识。

除了高等科课程有所不同，中等科课程也有变化。9月通过的《清华学堂章程》规定中等科科目共18种，分别为修身、国文、英文、算术代数、几何、三角、中国历史、中国地理、外国历史、外国地理、博物、物理、化学、地文地质、手工、图画、乐歌、体操。①

《近章》中的中等科课目表共有21门功课，共125个课时；没有几何、三角、外国历史、物理和地文地质5门课程（这几门课留到高等科再上），英文细分为英文读本、英文文范作句、英文文范修辞学、英文作论、默写、习字、英语会话7门课；新增1门卫生课。

在招生方面，常规招生是在每学年第一学期开始招收中等科一年级学

---

① 《清华学堂章程》（1911年9月6日），《清华大学史料选编》第1卷，第152页。

生，要求年龄在11至13岁，高等科在北京、上海、武汉、广州4地设点招收少量插班生。

《近章》新增多款与道德、品行相关的条目。学生的品行直接关系到升学和游学。第五章"修业毕业"第14条"操行"规定："凡学生操行未善者，教职员得请于校长停止其升级或毕业"；第六章"升级及游学"规定："择中等科毕业学行优美之学生升入高等科肄业"，"择高等科学行优美之学生"送往美国游学。可见，道德素质是清华考察学生的重要指标。

对学生的道德要求有明确规定且根据年级有所不同。第八章"管理"第30条"学律"明确规定"本校学律注意改良气质，造成端正品行，其实施之宽严，按年级之高下而定"；第35条"禁戒"规定"本校禁止一切破坏秩序、妨害公益、及其他不道德不名誉之举动"。

使学生养成良好的品行，是所有教职工工作的一部分，"教员、职员均有监查学生品行之责，学生如有违章，或其他不良善之举动，应分别簿记，汇报校长"。

通过奖惩引导学生向善。第36条"赏罚"规定"品学兼优，分别酌奖，其有功课太劣及不守规章校令，或有意外之举动者，分别情形轻重，或禁假，或训饬，或记过，或令退学"。

《近章》的另一个特点是新增第七章"体育及卫生"。前两个章程对体育均没有规定，关于卫生和医疗的规定则分散在"管理通则"和"职员"两章，可见唐国安对体育和卫生健康的重视。

《近章》规定所有年级都要上体操课，中等科四年级还要上卫生课。第24条"每日体操"规定，"本校专聘体育教员一员，令各学生每晨体操十分时，每日午后运动一小时，习练各种体育技术"。除了日常体育锻炼，还鼓励学生参加体育比赛，每学期开校内运动会，并参加校际运动会，"择其优胜者分别奖励之"。每学期还要查验学生体格，衡量身材，"以觇其体育之进步如何"。

与前两个《章程》相比，《近章》肯定"培植全才，增进国力"的办学宗旨，规定"以造成能考入美国大学与彼都人士受同等之教育"为教学范围，再次强调清华是一所留美预备学校。在学制和课程安排上，唐国安进行大幅度的调整。调整后的课程融合中美教育的特点，适应游学的需要，更加规范，更加丰富。《近章》新增不少与学生道德素质和身体健康有关的规定，反映唐国安对德育和体育的重视。

## 二、实施"三育"教育

在唐国安的倡导下，"三育"思想出现在清华各类规章和各种刊物上，成为各个组织、社团的宗旨，是师生们耳熟能详、铭记于心的准则。清华学校从设施到课程到课外活动，全部贯彻"三育"教育思想。

### （一）德育

唐国安非常重视教师对培养学生道德的榜样作用，强调教师要以人格感化学生，并以身作则。陈鹤琴说他待人恳挚，办事热心，爱生如子，待同事如朋友；学生们将他看作慈母。[1]1914年清华年鉴高度评价唐国安的品格，称赞他真诚勇敢，言出必行。[2]可见，唐国安以其高尚的品德深深影响着清华师生，身体力行践行其德育宗旨。

1912年5月13日，唐国安发布通告：

> 本监督职务既紧，诸生功课亦多，而欲彼此常相会晤，不亦戛戛乎其难哉！然而师生之间，首重感情；教育之方，端赖道德。不有聚会之时，何由达此目的？爰定于每星期二下午七时至七时五十分，聚会一次。高等科在礼堂，中等科在食堂，由本监督演说一切道德，或宣布意见，届时诸生前往各处齐集勿误。[3]

---

① 陈鹤琴：《我的半生》，上海：华华书店，1947年，第101页。
② "The Late Mr. Tong Kaison", the Students of Tsing Hua College, *The Tsing Hua Annual 1914*, p.20.
③ 清华大学校史档案，转引自唐绍明：《清华校长唐国安》，第363页。

唐国安认为，"教育之方，端赖道德"。德育在其教育思想中占有重要地位。德育的实施基于良好的师生感情，离不开教师的言传身教。

唐国安规定教师每星期要与学生座谈，了解学生情况，引导学生，为学生答疑解惑。同时，他每周定期召开师生集会，宣讲道德教化及为人处世之道。难怪《清华大学校史稿》评价他很注重学生的品格，经常与学生接触，认得很多学生。①

1923年，清华学生王造时提出改善校风的方法之一，就是"每星期全体聚会一次，由校长或请人演讲做人的方法，及鼓励学生的志趣"，"并须有国歌校歌欢呼等等；以提起精神"②。可见唐国安这一做法对树立学风、培养学生道德产生了积极影响。

唐国安还借鉴青年会的做法，在清华推广伦理演讲，通过直接宣讲树立学生的道德意识。伦理演讲，中等科由本校教员演讲中外名人事迹，每周一次；高等科则邀请中外名人来校演讲。

名人演讲有临时性的演说，也有长期的、系统的讲座。1916年9至11月，美国明尼苏达大学教授麦克罗（Robert M.Mclroy）博士连续在校发表5次演说，介绍代议制。③《清华周刊》每周预告伦理演讲的嘉宾和题目，刊登演讲回顾。《清华周刊》1918年第四次临时增刊将1914至1918年名人莅校演讲的时间、题目及演讲大意制成表格，共记录45次演讲，内容包罗万象，涉及教育、宗教、道德、社会改良、国内外时事、文学、政治、科学、宪制等。④

除了宣讲道德，让学生知道道德准则外，唐国安十分注重道德的"身体力行"，通过训育和鼓励的方式，要求学生在日常生活中践行道德规范，将道德教育落实到具体实践中。

---

① 清华大学校史编写组编：《清华大学校史稿》，北京：中华书局，1981年，第35页。
② 王造时：《改良清华计划大纲》，《清华周刊第九次增刊》，1923年6月，第6—7页。
③ 《近年名人莅校演讲一览表》，《清华周刊》1918年第四次临时增刊，第24—25页。
④ 《近年名人莅校演讲一览表》，《清华周刊》1918年第四次临时增刊，第22—27页。

　　唐国安对学生的日常行为规范有严格要求。如前所述，《近章》对学生道德和品行有明确的要求，对学生的学习、作息及生活习惯有严格规定，赏罚分明，"品学兼优，分别酌奖"，"禁止一切破坏秩序、妨害公益、及其他不道德不名誉之举动"。[①]

　　为了鼓励学生养成良好道德，清华设立了专门奖项。"学生奖励规则"共14条，涉及18种奖励，其中前3条就与德育有关，分别是："三育兼优比较最占优胜者给予金质奖章""中等科学生之行检最优者给予奖凭""高等科学生之行检最优者给予奖凭"。[②]获得道德金质奖章对学生来说是十分光荣的事，也说明"三育"教育中德育居首位。

　　学校青年会是唐国安实施道德教育的另一渠道。清华立校之初，最早的一批美国教员主要由青年会代聘。这些美国教师在授课之余，热心传教，在礼拜天开圣经班，教学生求学做人，处世接物。[③]当时清华的学生，很多来自教会学校，信教学生不少。唐国安本人也鼓励利用基督教进行道德训练。1912年，在唐国安的支持下，清华学校成立中国第一个官立学校青年会，第一任会正是王正序。陈鹤琴1913年秋接任会正。[④]

　　清华基督教青年会的宗旨是发展精神、思想和身体，弘扬实事求是的社会服务精神，以自然真诚的方式呈现基督徒的生活。[⑤]青年会会务发达，下设查经部、布道部、导引部、教育部、社会服务部、交际部、祈祷部，带领学生们交流智识，训练道德，服务社会。至1915年，清华青年会会员已有70余人，入查经班者有150人；[⑥]会员最多时，有责任会员107人，通常会员93

---

① 《北京清华学校近章》，《神州》第1卷第2册，1914年7月，别录第9—10页。

② 《学生奖励规则》，《清华一览》，1919年，《清华大学史料选编》第1卷，第192页。

③ 陈鹤琴：《我的半生》，第108页。刘崇鋐：《我对清华的回忆》，《国立清华大学》，第278页。

④ 温万庆：《清华学校青年会之历史与现状》，《青年》，1915年第18卷第4期，第127页。

⑤ "Religious", the Students of Tsing Hua College, *The Tsing Hua Annual 1914*, p.62.

⑥ 温万庆：《清华学校青年会之历史与现状》，《青年》，1915年第18卷第4期，第127—128页。

人。[1]该会是清华最有影响力的社团之一。借助青年会，学生们组织和参与很多有意义的活动，在活动中受到道德教化。

陈鹤琴在校内创办夜学，由高等生担任义务教师，为学校雇役讲授国文、英文、卫生、地理、算术、伦理等实用知识，意在普及教育。"凡我青年既享受教育之权利，盍不分己所得者，而授之他人乎？"[2]另开办一所星期六日馆，同样由高等科学生授课，教导校外幼童。科目与夜学一致，内容略异，另加运动一项。年终召开全体学生运动大会一次，以鼓舞体育精神。陈鹤琴赴美前夕，学校的理发匠送他一把剃头刀，感谢其对学校雇役的教导，并将其照片挂在理发室的墙上以做纪念。"以后别的先生看见了这张相，我可以告诉他们说：'这就是当初教我们书的陈先生。'"[3]青年会成员们与学生的感情如此深厚，足见其用心之诚，真的践行了"诚善体服役于人"的训旨，将道德训练落到了实处。其人格教育不可谓不发达。

德育是唐国安"三育"教育思想最重要的部分。他认为中国最严重的问题是国民道德不昌，缺乏爱国情感，国家没有凝聚力。要想改变这种情况，必须借助道德教育。他注重教师的言传身教，通过伦理演讲宣扬道德；借鉴基督教开展道德训练，严格约束学生品行；设立道德奖项鼓励道德。在他的提倡下，清华学校形成了良好的学风校风，师生皆重道德。

## （二）智育

清华学校为了培养"学行优美"、符合美国大学要求的留美预备生，在课程设置上重视经济和实用科学。同时，由于唐国安的提倡，也重视人文教育。他主持起草的《近章》规定，清华参照中美两国学制，设高等科和中等科，各4年。[4]清华的高等科相当于美国高中三年和大学一年级，以便学生能直接插入美国大学二、三年级。高等科分文科和实科，有必修科和选修课，

---

① 《课外作业》之"青年会"，《清华周刊》1922年双四节特刊，第31页。
② 温万庆：《清华学校青年会之历史与现状》，《青年》，1915年第18卷第4期，第129页。
③ 陈鹤琴：《我的半生》，第109—110页。
④ 《北京清华学校近章》，《神州》第1卷第2册，别录第3—4页。

充分体现"留美预备的需要"和唐国安文理并重的"通才教育"思想。

在唐国安任校长时期，清华不仅在课程上偏重西方人文和自然科学，还特别重视英文训练，目的是让学生熟悉美国的文化和习惯，打好语言基础，方便留学。中等科的课程主要是英文训练和基础知识。《近章》规定中等科四个年级每周课时共125个，其中仅英语训练课程就有44个课时，其他课程如世界地理、算术、代数、博物等一律采用美国教科书，用英文授课。①中等科西学部的课程都安排在上午，学生有充沛的精力学习；晚上还设置两小时自修，有教师值班辅导。一天约有五六个小时用于英语学习。②这样的安排，显然是为了提高学生的英语能力，以便他们将来到美国不会因语言问题妨碍学业。事实上，在清华，英语才是通用语言，学校行政会议、布告、出版物、校长训话、中外名人演讲、学生演讲和辩论、戏剧歌舞演出等等，大部分用英文，学生日常交流也用英文。③经过中等科4年的练习，每个学生都基本掌握了英文的听、说、读、写，再加上高等科的文学选读和语法修辞等课程，学生的英语水平有了进一步提高。④

高等科的课程，除了语言训练，主要是学习美国大学的基础课程。文科主要学习世界史、美国史、第二外语、政治、经济等，可以选修拉丁文、第三外语、自然科学及心理学等课程；实科主要课程为世界史、美国史、代数、几何、物理、化学、生理等，可以选修第三外语、化学等课程。⑤课程总体模仿美国学校，偏重西方人文和自然科学，教材也用美国教材。

在教授法上，唐国安反对中国传统教育填鸭式的教育方法，主张应用心理学原理，启发学生独立思考，锻炼学生的思考能力，而非单纯教授知

---

① 《北京清华学校近章》，《神州》第1卷第2册，别录第6—7页。梁实秋：《还生命以丰盛》，贵州：贵州人民出版社，2018年，第228页。
② 清华大学校史编写组编著：《清华大学校史稿》，第29页。
③ 清华大学校史编写组编著：《清华大学校史稿》，第27页。
④ 王造时：《清华学风和我》，中国人民政治协商会议全国委员会文史资料研究委员会编：《文史资料选辑》第106辑，北京：中国文史资料出版社，1986年，第24页。
⑤ 《北京清华学校近章》，《神州》第1卷第2册，别录第4—6页。

识。①他认为，智育包括锻炼观察力、推理能力和想象力三个部分。观察是第一步，通过观察，进行独立思考，形成自己的判断，获得分辨真假是非的能力；在学习逻辑和数学等抽象科学时，要培养推理能力；锻炼想象力帮助学生感受追求和收获的激情，有助于德育。②因此，清华在教学法上注重思维训练、预习、讨论，注重提高学生的学习能力和思维能力，与美国大学的授课方式相似。

清华西学部的课程采用启发式的教育方式，课前由老师指定阅读材料，学生自行阅读，课堂上师生自由讨论，鼓励学生发问，形式类似研讨会，培养学生的独立思考和逻辑批判能力。学生们为了阅读老师指定的参考资料，经常在图书馆开门前排长队借阅。③老师很注重思维和方法的训练。教学生写作文时，教他们列提纲，写主题句，通过缩写文章和扩写大纲等方式锻炼学生思维。④

唐国安除了重视课堂教学，还主张通过课外活动锻炼学生的智识和能力。清华的学习分为正课和课外作业，在确保学生学到系统学科知识的同时，鼓励学生全方面发展。课外作业包括组织会社，举行演讲辩论，编辑印刷品，组织参与体育竞艺会等。学校鼓励学生参与课外作业，"凡学生于课外被举为干事或职员，在体育运动各队为队员，或入各学会及各种组织之需时间与心力者，应即将其姓名呈报教务长，并说明其职任之性质"；"于课外作业克尽厥职之学生"，由教职员分别褒奖，给予名誉或物质奖励。但学生如因"课外作业太多致妨正课者"，教务长"得令该生脱离其所任之职务

---

① "The Educational Problem", *South China Daily Journal*, 9th September, 1905, 第3页新闻。Tong Kai son, "Education in Chihli", *South China Daily Journal*, 1st August, 1906, 第4页新闻。

② Tong Kai son, "A Student's View on Education", *South China Daily Journal*, 14th August, 1906, 第4页新闻。

③ 梁实秋：《还生命以丰盛》，第230页。

④ 梁实秋：《还生命以丰盛》，第230页。

或舍去其一部之任务"，确保学生有充足的时间和精力学习正课。<sup>①</sup>这是一种正课为主、课外为辅的学习方法。

唐国安本人十分善于演讲和辩论，鼓励学生通过辩论和演讲提高语言和思辨能力。他曾两次作为清政府代表出席万国禁烟会，发表慷慨激昂的演说，中外人士对他的演说给予极高评价，其演说词，"经中西报章转辗刊登，盖深嘉中国有人能发此透辟淋漓之文章也"。<sup>②</sup>继任校长周诒春曾在圣约翰大学阐释辩论和演讲的价值。他提出演讲和辩论有政治上、智育上以及道德上的作用：文学会和辩论会相当于一个微型国家，架构类似于代议制政府，成员可以得到公民训练；演讲和辩论训练学生的逻辑思维和清晰、敏捷的思考能力，使人深思、诚实和富有同情心。<sup>③</sup>在唐、周两位校长的先后大力支持下，清华形成了演讲和辩论的风气。

清华通过演说和辩论锻炼学生的英语口语和修辞能力，培养学生"修辞、雄辩、领导能力、民主风范、与以理服人的民主人格，及胜不骄败不馁的积极进取精神"。<sup>④</sup>1913年12月，学校曾发布告："演说一道，又为今文明各国，所必注重，况共和政体，演说之用途益广，启导国民，演说之收效较速……诸生等值此学年之际，正宜从事练习，将来施诸实用，必能大有裨益"。<sup>⑤</sup>清华要求每名学生从中等科四年级起，必须练习3年演说，所以学校有很多关于演说和辩论的社团。<sup>⑥</sup>

---

① 《课外作业规则》，《课外作业限制规则》，《清华一览》，1919年，《清华大学史料选编》第1卷，第203—204页。《学生奖励规则》，《清华一览》，1919年，《清华大学史料选编》第1卷，第192页。
② 孔宪立：《前北京清华学校校长唐介臣先生传》，严桢译。庐隐：《唐先生介臣事略》，第204页。
③ Ye Tsung Tsur, "The Educational Values of the Literary and Debating Society"，《约翰声》，1911年第1期，第6—8页。
④ 苏云峰：《从清华学堂到清华大学1911—1929》，第256页。
⑤ 吴景超：《清华的历史》，清华周刊社编：《清华生活》，1923年4月28日，第27页，金富军编：《周诒春文集》，北京：中国言实出版社，2017年，第221页。
⑥ 苏云峰：《从清华学堂到清华大学 1911—1929》，第265页。

英文文学会（The English Literary Association）成立于1911年，是清华最早成立的练习演说和辩论的社团，旨在练习演说和辩论，训练议会议事法，激发会员对时事的兴趣，增进友谊。该会初有会员35人，1914年有会员近百人，约占全校学生的1/4。[①]

为鼓励演说和辩论，学校设有校际英语演说比赛、校内英语演说比赛、校内英语临时演说、校际英语辩论和级际英语辩论。校际辩论员由级际辩论员选出，校际演说者由校内演说比赛优胜者选充，演说和辩论最优胜者均可得金质奖章一件，以资鼓励。[②]

唐国安还鼓励学生发行校园出版物。学生参与的校级出版物有《清华学报》《清华年报》《清华周刊》等。此外，还有各学会或学生个人的出版物，种类繁多。周刊、学报、年报的总编辑及总经理每年各给金质奖章一件，以兹表扬。[③]《清华学报》每年暂出二期，以研究学术为宗旨，其材料多是校内教员及校外学者的研究成果。《清华年报》每年4、5月间发行，宗旨是将清华的状况介绍给中外人士；文字中英各半，校内一切生活均详载无遗。《清华周刊》是全校教职员、学生发表言论的机关刊物，每星期五发行，除言论外，有新闻、通讯、特载、书报介绍等栏。[④]

除了演说辩论以及出版，校内还有其他研究文学和科学知识的社团，如益智学会、达德励志会、法语学会、哲学会、摄影学会等等。1913年4月，益智学会和达德励志会合并为达德学会，英文名为The Culture Union，其宗旨是养成德、智、体全面发展，具有男子汉气概的全才。[⑤]这可以说是清华教育宗旨在社团上的一种延伸。

唐国安在实施智育上，既注重教育内容，又注重教育方法。在内容上，

---

① "Literary", the Students of Tsing Hua College, *The Tsing Hua Annual 1914*, p.52.苏云峰：《从清华学堂到清华大学 1911—1929》，第266页。
② 《课外作业》，《清华一览》，1919年，《清华大学史料选编》第1卷，第205页。
③ 《学生奖励规则》，《清华一览》，1919年，《清华大学史料选编》第1卷，第193页。
④ 《课外作业》，《清华一览》，1919年，《清华大学史料选编》第1卷，第205页。
⑤ "Literary", the Students of Tsing Hua College, *The Tsing Hua Annual 1914*, p. 55.

他主张文理并重的通才教育；在方法上，锻炼学生的观察力和思维、逻辑能力，认为授人以鱼不如授人以渔；在操作上，包括课堂教学和课外活动两部分，鼓励学生通过演说、辩论、出版等活动发展学生综合素质，养成完全人格。

### （三）体育

体育作为"三育"的一部分，是培植全才不可缺少的一环。尤其当时中国人被外国人贬称为"东亚病夫"，清华的学生将来是要出国留学的，更要有强健的体魄，打破"东亚病夫"的不实言论。

唐国安重视体育运动，认为体育是德育和智育的基础，对人的健康、心智和性格产生重要影响；强化身体的方式是进行体育锻炼，遵循生理规律，遵守卫生规则。[①]在具体实施上，包括普及和竞赛两个方面，主次分明，竞赛的目的还是普及。唐国安在任时，清华的体育成绩享誉全国，体育方面的很多做法开中国先例。

1914年清华年鉴有一篇文章专门论述体育对学生和学校的价值。从这篇文章可以看出学校当局对发展体育的考量。对学生来说，体育有助于健全身体，发展智识，提供公平锻炼的机会，训练学生的合作能力，施加纪律教育，培养学生的大学精神、牺牲精神及责任感；对学校来说，体育运动可以增进校际关系，为学校赢得声誉。[②]这篇文章对体育的价值论述更加完备，不仅注意到体育对个人的价值，还注意到体育对学校的重要性，是清华的"经验之谈"，反映了当时清华对体育的重视和体育实施情况。

为实施体育，唐国安专门聘请一位体育教员。1911年10月，清华成立体育会，次年成立体育部。《近章》亦有专章对体育进行规定。在唐国安主政时期，清华未设体育课，只设体操课，主要通过晨操、强迫运动、体育比赛等方式进行体育锻炼，普及体育运动。

---

① Tong Kai son, "A Student's View on Education", *South China Daily Journal*, 13th August, 1906，第4页新闻。

② "The Value of Athletics in a School", *The Tsing Hua Annual 1914*, pp.127-128.

"清华体育上之最初设施，为呼吸运动：——除星期日外，每早必举行一次，举行时间，仅十分钟"，"中等科自九时五十分至十时；高等科自十时五十分至十一时"，由体育教员带领学生做柔软体操及其他运动，意在于短时间内增进呼吸，扩大肺活量。[①]

为了使学生养成普遍爱好运动的习惯，自1913年起，学校采取强迫运动的方式。《近章》规定学生需"每日午后运动一小时，习练各种体育技术"。[②]每天下午4到5时，学校将寝室、教室、自修室、图书馆、食品部等各处锁起来，全体学生穿上运动服到操场锻炼。学生可以选择自己喜好的项目进行练习，有体育教员进行指导。

强迫运动效果十分显著，不爱运动的同学得到了锻炼，不擅长运动的学生找到了长处，体弱的同学强健了体魄，找到了运动的乐趣。"懒人"梁实秋"穿破了一双球鞋，打烂了三五只网球拍"。[③]体育很差的陈鹤琴专练力气，练习筋骨，结果体力总分全校第二。[④]"体魄素弱"的吴宓加入足球会，"得于课馀运动为乐，以振精神而息脑力"。[⑤]李济认为清华的生活对体质有很大帮助。清华园空气好，环境幽静，早上做体操，下午有强迫运动，在体育上可以说是一个完善的办法。[⑥]

除了日常的体育锻炼，唐国安还鼓励学生参加体育比赛，为校、为国争光。清华的体育比赛分为校内级际比赛和校外比赛。级际比赛的项目因季而异，春季是田径赛、网球赛、队球赛，夏季是游泳，秋冬是篮球赛、足球赛以及越野跑等。[⑦]每季由体育部召集各年级体育代表，共同组织级际比赛委

---

① 郝更生：《十五年来清华之体育》，《清华十五周年纪念增刊》，1926年3月，《清华大学史料选编》第1卷，第359页。
② 《北京清华学校近章》，《神州》第1卷第2册，别录第9页。
③ 梁实秋：《还生命以丰盛》，第235页。
④ 陈鹤琴：《我的半生》，第114页。
⑤ 吴宓：《吴宓日记》第1册，1911年9月20日，第143—144页。
⑥ 李济：《六十年前的清华》，董霄总编：《国立清华大学》，台北：南京出版有限公司，1981，第309页。
⑦ 体育部全人：《清华二十年来之体育》，《国立清华大学廿周年纪念刊》。

清华学校参加首届华北运动会（《寰球中国学生报》1913年第7卷第5期，全国报刊索引数据库）

员会，订立规程，"得某项比赛最后胜利之锦标队，由体育部赠予该锦标队全级锦标旗一面，由委员会分赠予锦标队队员按其级色制成之清华银质小徽章各一枚"。①清华参加的校外比赛众多，有和南开大学、协和学堂联合举行的"三角运动会"，有华北运动会、全国运动会、远东运动会等等，俱获得很好的成绩。"清华体育名声之在华北，大有歧山独鹤之慨"，可见当时清华体育已卓有成就。②

1913年2月1至9日，首届远东奥林匹克运动会在菲律宾马尼拉举行。唐国安呈请外交部派代表团参赛，认为"亚洲诸国均拟派人前往，以国誉之关系我邦亦应接踵而至"。③他亲自率领40余名运动员代表中国参赛。清华6人参赛，其中5人获得不错的成绩。潘文炳获10项第一，5项第二，跳远第三，

---

① 体育部全人：《清华二十年来之体育》，《国立清华大学廿周年纪念刊》。
② 体育部全人：《清华二十年来之体育》，《国立清华大学廿周年纪念刊》。
③ 清华档案，见2018年12月清华大学校史馆、清华大学档案馆、唐国安纪念馆主办的"清华全才教育思想的奠基人——纪念唐国安先生诞辰160年展览"。https://xsg.tsinghua.edu.cn/info/1007/1025.htm

个人总分第一；杨锦魁撑杆跳高第一；黄元道高栏第二；叶桂馥880码第三；关颂声接力第二。[①]

为鼓励比赛，学校1911年建立校队。校队训练，进行极其便利，"一因入学年龄尚幼，正当体育训练第二期之最好时期，易学而兴味亦浓，技巧而求知尤专，二因年限甚长，合作共进机会多，队员彼此谅解同情心大，故是时大有所谓知己知彼，百战百胜之慨，三因民国初年，正在起始提倡体育之会，清华得风气之先"。[②]清华对选手十分爱护，饮食专设"训练桌"，"大鱼大肉，四盘四碗，同学为之侧目"。[③]

体育比赛是清华的盛事。据李济回忆，三校联合运动会是同学们最兴奋的事，体育选手受大家爱戴，如当时220码的健将关颂声就是同学们心中的英雄，学校还因比赛胜利全校放假一天。[④]可见清华学校体育氛围之浓厚。

由于学校注重体育比赛，校中还有人议论，认为体育的真谛在于普及运动，而非竞赛，说"运动员的运动好，未必全体的运动好"，优待运动员不公平。[⑤]支持者认为，体育比赛也是普及体育运动的方式之一，二者本质是相同的，"比赛而优胜，实所以表示体育之发达与普及也。盖多人能普通之运动，然后专长者出焉，专长之人多，则足征全体之必能为普通之运动矣。是故保存固有之校声，发扬体育之荣誉，实将来运动之优胜是赖"。[⑥]

关于体育比赛与体育普及的讨论在清华持续数年。"民国十一年后，清华田径赛成绩，虽未能继续勇猛进步，然各种球类技术上之发展，实有日新月异之势。清华体育发展之趋势，于是乎因此变迁矣。盖由'锦标式之比

① 郝更生：《十五年来清华之体育》，《清华大学史料选编》第1卷，第347页。
② 体育部全人：《清华二十年来之体育》，《国立清华大学廿周年纪念刊》。
③ 梁实秋：《还生命以丰盛》，第235页。
④ 李济：《六十年前的清华》，董霏总编：《国立清华大学》，第310页。梁实秋：《还生命以丰盛》，第236页。
⑤ 《体育主任马约翰先生的谈话》，《清华周刊》第198期，1920年11月12日，第23—24页。
⑥ 沈鹏飞：《体育刍言》，《清华周刊》第58期，1915年12月8日，第2页。

赛'而变为'有兴趣之练习'也！"①无论是主张普及运动还是主张比赛和兴趣可以调和，此种讨论本身已反映清华体育之发达，师生体育意识之明确。重视体育成为清华教育的基本精神之一。

**（四）德、智、体之外**

苏云峰用德、智、体、美、群五育来概括清华的教育，认为"自新教育实施以来，教育家们所追求的智、德、体、美、群五育俱全的理想，在清华校园中完全实现"。②五育是研究者对清华教育思想的概括。在主事者看来，清华的教育思想是德、智、体"三育"，出现在清华报章及清华学人言论中的也是"三育"。但是，清华的教育并不仅限于"三育"，还涉及美育、群育、公民教育等等，只是当局没有把这些提到与"三育"同样重要的地位。

清华没有美育的提法，却有美育的设施。唐国安为清华聘请的美国教师有手工教师、绘画教师和音乐教师。《北京清华学校近章》规定，所有学生都要上手工课，中等科和高等科实科要上音乐课，中等科还另有一门图画课，培养学生的动手能力和审美能力。③学校还鼓励学生进行戏剧创作和戏剧表演，培养学生的良好品性。

唐国安曾多次表示，受教育者是国家的领导者；教育的功能之一是培养民主意识，培养合格国民。④《北京清华学校近章》规定每个年级要选举级长，组织级会。每个年级有级色、级训。级会的活动无所不包，代表学生与校方交涉，组织演讲和辩论，开运动会，编写级刊，出版杂志等，都是级会的活动。级会的运作模拟议会，训练学生的领导能力、组织能力、自治能力以及民主参与能力，帮助学生成为合格的公民，培养国家未来的领袖。梁实

---

① 郝更生：《十五年来清华之体育》，《清华大学史料选编》第1卷，第363页。
② 苏云峰：《从清华学堂到清华大学1911—1929》，第280页。
③ 《北京清华学校近章》，《神州》第1卷第2册，别录第4—7页。
④ Tong Kai son, "A Student's View on Education", *South China Daily Journal*, 15<sup>th</sup> August, 1906，第4页新闻。

秋认为，学校的民主训练，使他学会"如何主持会议、如何进行讨论、如何交付表决等的艺术"，即"孙中山先生所谓的'民权初步'"。[①]

唐国安吸取日本的经验，很注重培养学生的爱国主义情感和社会责任感。他认为日本的成功在于民众普遍具有爱国精神和牺牲精神，呼吁学生自觉承担对国家的义务；一定的知识和能力要求他们承担相应的责任。[②]学习不是为了升官发财，而是为了国家的强大。要为国家的需要学习，为国牺牲。在他的提倡下，清华学生十分关心国家命运，相关议题经常出现在演讲和辩论题目。报纸杂志也有很多针砭时弊的文字。学生很热心社会服务，组织夜校和星期六学校，进行社会调研和社会教育。

总而言之，德、智、体"三育"是唐国安教育思想的核心。在推行"三育"教育的同时，施以音乐、美术、民主等训练，促进学生全面发展，培养合格国民。

## 三、死而后已

1913年7月1日，清华学校举行第一次毕业典礼。唐国安以清华是袁世凯创议的学校为由，邀请袁世凯出席毕业典礼。袁世凯派教育部次长出席。

下午3时毕业典礼开始，流程如下：

（一）美国代理公使演说

（二）国务总理演说

（三）乐歌（本校两科音乐团合唱）

（四）教育部代理总长演说

（五）外交部总长演说

（六）乐歌（本校高等科音乐团主唱）

---

① 梁实秋：《还生命以丰盛》，第229页。
② Tong Kai son, "An Appeal to China's Foreign Educated Men",《寰球中国学生报》。

（七）校长给毕业证书

（八）校长给奖品

（九）校长宣布有游美资格之学生姓名

（十）散会

（十一）茶点（座设工字厅）（约四时半至五时半）①

　　遗憾的是，这时唐国安病情已经加重，不能出席毕业典礼。所有校长要做的活动均由他人代劳。

　　自1913年春开始，唐国安"陡患心疾"，病情时好时坏；到了夏天，"渐入膏肓，势将不起"。8月21日，唐国安自知命不久，向外交部请求辞职，并举荐副校长周诒春接任校长一职。②

　　唐国安认为，周诒春是"留美文科硕士"，"老成练达，学识皆优，自充任副校长以来，苦心孤诣，劳怨弗辞。国安虽病，该副校长兼理一切，颇能措置裕如"。如果由周诒春接任校长，"必能胜任愉快"。③更重要的是，周诒春和唐国安的经历相似，教育理念一致。周诒春能够贯彻唐国安对清华的发展规划，实现唐国安的教育理想，保证清华学校发展的连续性。

　　次日下午4时，还没等到外交部的回复，唐国安就病逝了。由于此时周诒春正带领学生赴美入学，不在学校，所以校务由副校长赵国材代理。10月23日，全体学生和教职员工聚集在火车站欢迎周诒春返校。在欢呼声中，师生员工步入大礼堂。周诒春发表讲话，强调学生要自律，并希望学校形成良好的学风。④27日，周诒春就任校长职。⑤

　　作为一个基督徒，唐国安的葬礼是基督教式的，由为他受洗的宝复礼牧

---

① 《清华学校首届毕业式秩序单》（1913年），顾良飞主编：《清华大学档案精品集》，第10页。

② 《呈外交部文》（1913年8月21日），《清华大学史料选编》第1卷，第8页。

③ 《呈外交部文》（1913年8月21日），《清华大学史料选编》第1卷，第8页。

④ "Reception to the New President", *The Tsing Hua Annual 1914*, p.99.

⑤ 《呈外交部文》（1913年10月27日），《清华大学史料选编》第1卷，第9页。

师主持。23日，唐国安的妻子关月桂去信宝复礼，请他主持葬礼。该信原文如下：

亲爱的布朗先生：

　　我万分悲痛地通知您，唐先生已于昨日病逝，因此切盼您能在明日午后两点半来学校主持丧礼。您是唐先生的生前挚友，所以希望此任由您完成。如您能拨冗前来，我将不胜感激。

唐太太[①]

24日，清华为唐国安举行葬礼，将他葬于清华园内。"中外友朋到者甚众"，"白马素车，颇极荣哀之感"。大总统袁世凯的代表、美国代理公使维廉（Edward T. Williams）、美国驻汕头领事、青年会代表、学校教职工代表等均到场哀悼。[②]

国务总理熊希龄、外交总长孙宝琦、教育总长汪大燮以唐国安"实系积劳身故"，请政府发给恤金。政府认为，唐国安"在外务部任职多年，创办游美学务处暨清华学校，始终其事，擘画一切，毫无贻误。此次因病身故，实系积劳所致，现拟酌给一次恤金一千元，以示优恤"。[③]

为了纪念唐国安，清华师生制作一面纪念牌，挂在工字厅大门的墙上。1914年4月12日，清华举行唐国安纪念牌揭牌仪式。校长周诒春主持，全校教职员和学生以及中外来宾到场参加。由于周自齐缺席，由总统府外交顾问蔡廷干揭幕并致辞。蔡廷干介绍了唐国安的生平，代表官方称"唐先生拥有宽广的胸怀，自我牺牲的精神，他诚实、正义，是一名真正的爱国者，我们

① 宝复礼：《义和团及其他中国问题的回忆录》，路遥主编：《义和团运动文献资料汇编英译文卷》下，第271页。
② 《申报》，1913年8月25日，第2版。孔宪立：《前北京清华学校校长唐介臣先生传》，严桢译。
③ 中国第二历史档案馆整理编辑：《政府公报》第18册，第535号，1913年10月30日，上海：上海书店，1988年，影印版，第725页。

将永远铭记他"。①

唐国安生前留下遗言，不留私产，全部财产待妻子过世后捐给慈善事业。②唐国安的妻子将他的藏书捐给清华学校图书馆，"英文书籍一百四十二本，共分十三门，并唐先生文稿二篇，论及禁烟及传教事宜"③，以这样特别的形式让首位校长唐国安永远守护清华学校。

# 小 结

为了处理派遣学生游美事宜，外务部和学部成立游美学务处和清华学堂。唐国安任学务处会办和学堂副监督，主要负责选派出洋学生。辛亥革命后，清华学堂在动荡不安中解散，唐国安也因出席海牙万国禁烟会离开学堂。

回国后，他积极筹备复校，解决资金难题，扩大学校地亩，为学校发展奠定了重要基础。他呈请外务部裁撤游美学务处，所有权限划归学堂，确立了清华学堂的统一管理体制。外交部的支持确保了唐国安对清华的主导地位。再加上周诒春、唐彝、陈筱田等班子的帮助和中美教员的配合，他可以比较顺利地对清华进行改革，推行自己的教育政策。他将德、智、体"三育"教育思想融进清华学校"培植全才、增进国力"的宗旨，主持修订《北京清华学校近章》。从此清华学校有了"三育"教育和全才教育。在教育实践过程中，他不断完善"三育"教育思想及德、智、体三者的关系。

唐国安的"三育"教育思想有完备的设计理念，在学校教育中有系统可行的实施方法，可操作性强。德育是"三育"的核心，实施过程中强调教师的人格感化和言传身教，注重道德的"知行合一"。智育是"三育"教育

---

① "Dedication of Tong Kaison's Memorial Tablet", *The Tsing Hua Annual 1914*, p.100.
② 唐绍明：《清华校长唐国安》，第370页。
③ 《惠书鸣谢》，《清华周刊》第52期，1915年10月26日，第16页。

社会功能的集中体现，在内容上主张文理并重的"通才教育"，教授西方的科学文化知识；在教授方法上主张应用心理学原理，采用启发式的教学方式；在具体实施上分为课堂教学和课外活动两部分，鼓励学生通过演说、辩论、出版等活动发展综合素质。体育是发展德育和智育的基础，对学生个人发展和学校发展有重要意义。学校体育的宗旨是普及，竞赛的最终目的也是普及，通过柔软体操、强迫运动以及体育比赛三种方式使学生得到全方位锻炼。在德、智、体之外，还辅之必要的美育、群育、公民教育，促进学生全面发展，培养合格国民。唐国安为清华发展鞠躬尽瘁，死而后已，受到政府褒扬和师生爱戴。

# 唐国安教育思想的特点及影响

# 唐国安教育思想的特点

唐国安的"三育"思想深受严复和青年会的影响。在教育目标上，与严复的"救国"主张一致；在内容上，兼取二者；在具体实践上，深受青年会的影响，又有所发展。作为集中西文化于一身的教育家，他既反对中体西用，也不赞成全盘西化，而主张兼采中西文化，使用汉语教学，保持民族特性。

## 一、"三育"是方法，目的是"救国"

有学者指出："在中国近代教育思想发展史上，康有为、梁启超等启蒙思想家的重要贡献在于克服了洋务教育以培养少数专门人才为宗旨的局限性，推动晚清人才教育向近代国民教育的转换，从而为中国近代国民教育制度的建立创造了条件"。[①]面对"救国"和"救人"这一历史主题，康有为、梁启超等人将前者视为最终目标。同为启蒙思想家，严复的教育宗旨也在于"救国"，"救人"只是"救国"的手段，其思想突出了教育改造社会、拯救国家的社会功能。[②]

唐国安是教育救国思想的拥护者和践行者。在介绍日本新教育时，唐国安引用明治36年（1903）文部省报告中的一段话："一个民族精神和道德的提高，以及国家行政和公共事业的进步，必须通过教育来寻求。换句话说，一个国家的繁荣取决于良好的国民教育。因此，我们不能满足于旧的教学方

---

[①] 陈学恂、田正平主编：《中国教育史研究·近代分卷》，上海：华东师范大学出版社，2001年，第444页。

[②] 陈学恂、田正平主编：《中国教育史研究·近代分卷》，第466页。

法。"①他赋予教育极高的地位，将教育作为救国的重要手段，认为教育的价值在于富国强兵。

德、智、体"三育"是唐国安教育思想的核心，但不是终点。其根本目的是为了"救国"，而非"救人"。这一点与严复、梁启超等人一致。他所提倡的德、智、体"三育"，是针对中国存在的问题提出的，注重国家的需求，而非仅仅个人发展的需要。这一点十分可贵。

唐国安认为当时中国面临的最大问题是公民道德的缺失。官员腐败、士气萎靡不振、民众不团结，都是因为缺失公民道德。因此，教育最重要的任务是培养公德，培养爱国主义精神和自我牺牲精神，发展国民教育。②面对国家积贫积弱，工业不发达，人才缺乏的现状，他主张发展智育，引进西方知识，平衡中西文化，教授国家需要的近代科学文化知识，培养现代人材，发展实业教育，振兴工业。他强调真正的爱国者要为国家的需要学习。③为了解决民力贫弱的问题，他主张发展体育，造就身心健康的国民。为了培养代议制国民，他鼓励学生组织级会、社团，参与演讲和辩论，学习西方民主知识和民主技能。德、智、体是近代国民应该具备的核心素质，三者缺一不可，所以，教育要培养体魄强健、精神活泼、具备近代科学文化知识、具有良好国民道德的合格国民。在德、智、体之外，他主张还要施加群育、美育、国民教育等，促进学生全面发展，培养符合国家需要的国民。

## 二、与严复"三育"及基督教青年会"三育"的异同

严复作为思想家，其德、智、体"三育"的思想价值、理论价值很高。他对德、智、体"三育"的论述有很强的理论依据，对"三育"的实施进行

---

①　Tong Kai son, "The New Education in Japan", *South China Daily Journal*, 18ᵗʰ June, 1906，第4页新闻。

②　Tong Kai son, "Some Great Needs of the Hour", *South China Daily Journal*, 15ᵗʰ October, 1906，第4页新闻。

③　Tong Kai son, "An Appeal to China's Foreign Educated Men"，《寰球中国学生报》。

了高屋建瓴的规划。基督教青年会作为社会组织，以传播福音、改造社会为目的，其"三育"实践属于社会教育，有很强的可操作性。唐国安的"三育"在内容上兼采严复和基督教青年会，在具体实施上，更多借鉴青年会的做法，又有所改造和发展。

在三者的"三育"中，德育是最重要的。严复在进化论、近代哲学和教育学的基础上，建构"新民德"，其德育内容主要是经过其改造的近代伦理道德。①基督教的德育核心是基督教道德，辅之以世俗道德，目标是培养基督化人格。唐国安的德育则兼采、借鉴近代伦理道德、基督教道德及中国传统美德。他主张用基督教道德改造中国道德，但同时强调要尊重中国固有美德，如孔子的"己所不欲，勿施于人"，不能全盘否定中国传统。至于西方的自由、民主、平等等近代价值观，也是唐国安极力推崇的。在德育实施上，三者都强调"知行合一"，在直接宣讲道德的同时，注重学生的道德实践，辅之以美术、音乐、手工等美育。

在智育上，严复的论述理论性、系统性和逻辑性很强。智育的目标是"开瀹心灵"和"增广知识"，简言之，就是传授知识与培养智力。②他不仅注重教授西方近代科学知识，更注重教授科学的方法论，培养学生包括归纳推理和演绎推理在内的逻辑运算能力。在这一点上，唐国安也有类似见解，只是在论述逻辑性、系统性不及严复。与严复不同的是，唐国安除了注重自然科学知识的传授，还注重人文科学教育，借鉴青年会的经验，通过演说、辩论等锻炼学生语言能力、口才和民主参与能力。严复虽然也将智育分为自然科学、应用科学、社会科学等方面，但因为他认为物理科学等教育是当前最急需的，所以对智育其他方面关注不够。因此，在智育上，严复重视自然科学知识及科学教育法，唐国安则主张文理并重的通才教育。

相对于德育、智育，严复对体育的论述不多。维新变法之际，他首先提

①　崔运武：《严复教育思想研究》，沈阳：辽宁教育出版社，1993年，第179—180页。
②　严复：《论今日教育应以物理科学为当务之急》，王栻主编：《严复集》第2册，第280页。

出禁烟和戒缠足两项，同时介绍医疗卫生对健康的作用，且认为 "民力"包括体力和精神两方面，精神对智力有重要作用。[①]他对于体育的具体实施则并无论述。禁烟、戒缠足及介绍卫生知识，都是唐国安重视且一直在做的事。他曾两任万国禁烟会中国代表，与友人组织振华戒烟会帮助戒烟，[②]加入天足会促进妇女解放。但严格来说，戒烟、戒缠足并不算体育。唐国安的体育在内容和实施方式上更为丰富。他在借鉴青年会的基础上，探索出更适合学校教育的体育模式：运动形式有柔软体操、强迫运动、远足、运动会及其他体育比赛，兼顾体育普及与提高，全方位锻炼学生；运动项目不仅包括西方近代体育项目，还包括中国传统武术，如打拳、击剑等，有专门的武术老师。[③]总的来说，严复对于体育尤其是体育实施的论述不多，青年会十分重视体育活动，唐国安则在青年会的基础上探索出更适合学校教育的体育教学。

与教会学校相比，唐国安的 "三育" 教育更适合中国国情。虽然教会学校也提倡 "三育"，但是教会教育的目标是养成学生的基督化人格，培养基督教领袖，本质上服务于宗教，与唐国安的 "救国" 宗旨相背，也不符合中国救亡图存的实际需要。[④]在实施上，德育是核心，智育、体育都服务于德育，通过展示真实的基督徒生活，养成学生的基督化人格，坚定对基督的信仰。教会学校虽然也教授专业的科学知识，但是对专业知识的传授以遵循基督教世界观为前提，对世俗知识和宗教知识不作明确的划分。换言之，教会学校的智育并不追求真正的科学和理性。[⑤]因此，教会学校只能培养优秀的

---

①　严复：《原强修订稿》，王栻主编：《严复集》第1册，第27—28页。

②　《申报》，1909年2月4日，第1张第6版。

③　体育部全人：《清华二十年来之体育》，《国立清华大学廿周年纪念刊》。梁实秋：《还生命以丰盛》，第237页。

④　《教会之教育事业》，《中华基督教会年鉴》1914年，第66页，李楚材辑：《帝国主义侵华教育史资料：教会教育》，北京：教育科学出版社，1987年，第10页。

⑤　胡卫清：《普遍主义的挑战——近代中国基督教教育研究（1877—1927）》，上海：上海人民出版社，2000年，第87页。

基督教领袖，不能养成符合国家需要的近代人才，这是教会的"三育"与唐国安世俗化的"三育"的明显区别。

### 三、调和中西文化，保持民族特性

唐国安既反对中体西用，也不赞成全盘西化。他十分赞赏日本"和魂洋才"的方式，主张学习西方先进的科学知识，吸收西方文化中合理的部分，如公民道德，同时要保持民族文化的独立性，传承优秀传统文化。虽然清华学校十分重视英语训练，但其实唐国安反对使用英文教材，不主张用英文教学。他认为，学习西方知识，外语是次要的，中国完全可以将外国知识、教材译成中文，用中文教学。他认为目前社会上存在一部分人，能够熟练地使用外语，吸收外国思想，却几乎没有受过中国教育，用先入为主的观念批判中国，不加选择地模仿西方；这种人实际上已经不是中国人了，失去了国家特性。[①]这是一个很具前瞻性的观点。因此，他认为，中国要想自救，必须改革教学内容，引进西方的科学文化知识，同时一定要使用汉语教学，掌握教育主导权。针对中国幅员辽阔，方言众多的事实，他主张推广官话，各级公立学校强制使用汉语教学。他认为，只有语言统一，民众才有共通的交流媒介，才能交换观念，产生共情，进而民族才有凝聚力，国家才能进步。[②]

在留学方面，唐国安主张融入当地，重视留学生的语言训练，教授当地风俗文化，因此清华重视学生的英文训练，采用英文教学。但同时，他也强调不能忘本。他赞同游美肄业局对留美幼童进行中文教育，认为这是保持幼童民族性的必要措施。[③]他认为学部开始重视留学生的汉语、汉学教育是一个国家教育健康的象征。[④]

---

① "The Educational Problem", *South China Daily Journal*, 9th September, 1905, 第3页新闻。

② "The Educational Problem", *South China Daily Journal*, 13th September, 1905, 第4页新闻。

③ Tong Kai son, "The First Educational Mission Abroad", *South China Daily Journal*, 28th May, 1907, 第6页西文。

④ Tong Kai son, "Important of Chinese Education", *South China Daily Journal*, 25th January, 1907, 第4页西文。

留学美国并担任留美预备学校清华学校首任校长的唐国安，虽然主张学习西方科学文化知识，但反对全盘西化，强调维持民族独立性。他倡导在引进西方知识的同时，坚持汉语教学和民族文化教育。对西方文化，他主张采取兼容并包的态度，学习西方合理的道德观念和精神，同时结合中国优秀传统文化，改造中国道德。这是一个爱国教育家的十分可贵之处。

## 第二节

# 唐国安及其教育思想的影响

### 一、清华学校的奠基者

由于唐国安在清华任职时间短，相关材料少，在清华校史上他对清华的贡献很少被提及，只有首任校长这个名头。他的继任者周诒春被认为是清华早期最重要的校长，唐国安的功绩多少被周诒春掩盖。《清华大学校史稿》说："对于管理学生行为的事，唐国安不过开其端绪，到周诒春的任期内，才达到了顶点。"[1]不仅是管理学生，清华在改办大学前的制度框架、指导思想，都是唐国安确立的。周诒春虽有发扬之功，但唐国安的开创之功不应被轻视，更何况周诒春继任校长也有唐国安的举荐之功。

在范源濂、胡敦复等人的草创之举上，唐国安对清华的制度、章程、课程等各方面进行改革和创建，在学校全面推广德、智、体"三育"。他是清华"三育"教育的开创者，被誉为清华全才教育思想的奠基人。

清华学堂开学之初，因唐国安在欧美考察，校务主要由监督范源濂和教务长胡敦复负责。范源濂是军国民教育的拥护者，在任时就已注重体育。

---

① 　清华大学校史编写组编著：《清华大学校史稿》，第35页。

在范源濂的基础上，唐国安进一步发展体育教育。值得注意的是，唐国安推广的体育与范源濂不同，并非军事体操，而是柔软体操，以及欧美新式体育和中国传统武术，形成了柔软体操、强迫运动、体育比赛三位一体的体育教育。胡敦复是清华学堂首任教务长，主持教务时采用美国课程和教材，重视理科，采用选课制。学生只分中等科五年和高等科三年，不分年级和班级。唐国安任校长后，改革学制，中等科和高等科各四年，高等科相当于美国高中三年和大学一年级，方便学生插入美国大学，缩短留学时间；划分年级，组织级会，发展学生自治；在课程上文理并重，虽采用美国教材和教学法，但改用适合各年级学习程度的教材。

清华学堂开办不到两个学期就停课，诸事草创，设施与制度均不完备。唐国安主政时期，清华资金、土地有保证，人事稳定，没有民国政府和教育部过多的管束，可以进行全面系统的制度创建。

总的来说，唐国安对清华建设的贡献有五点：一是改变领导体制，将游美学务处的职权划归清华学堂，实行校长负责制；二是修订章程，学制改为中等科、高等科各四年，特别是主持修订《北京清华学校近章》，确定了清华学校发展的基本模式；三是落实经费，保障清华经费专款专用；四是扩充校园规模，由450亩扩充为1200亩，为学校未来发展预留空间；五是为避免学堂因改学校而降格，上书外交部和教育部将校长任命由"委任"升为"荐任"（唐绍明书为"简任"）。[1]如果说以上五点是唐国安对清华有形的贡献，那么无形的贡献是在清华推广"三育"教育，培植全才，成为清华当之无愧的"三育"教育和全才教育的开创者和奠基人。在其临终时，还为清华选定了与自己教育理念相似的继任者周诒春，确保清华的传统能够延续。连周诒春也承认："鄙人不敏，承唐前校长之后，于唐君所规划而未成者，积极完成之，已成者逐渐扩充之。"[2]因此，清华校史对唐国安的贡献评价

---

① 唐绍明：《清华校长唐国安》，第358—361页。
② 周诒春：《清华大学廿周纪念》，《国立清华大学廿周年纪念刊》。

未免偏低。此后，"三育"教育思想在很长一段时间都是清华教育的主导思想。

## 二、"三育"教育思想在学校教育的首次系统实践

除了德、智、体"三育"外，在中国近代教育史上还有其他类似的教育主张，如王国维的德、智、美"三育"、蔡元培的"五育并举"等等，与德、智、体"三育"竞争、调和。仅在德、智、体"三育"内部，就三者的关系，不同人也有不同的观点：有人认为三育并重，有人以德育为主，有人以体育为先，有人认为智育更重要。无论何种观点，都表明在近代中国，德育、智育、体育、美育、群育等各种教育主张已经成为国人普遍具有的教育知识。

严复的德、智、体"三育"、王国维的德、智、美"三育"、蔡元培的"五育并举"，比之唐国安的"三育"，在思想上、学术上有更高价值，但是，他们的思想主要在认识层面，并没有落实，更没有全面贯彻。如前所述，严复对"三育"的论述理论性很强，很有启发性，但对于具体实施，则论述不够详细，其思想也没有落实到学校教育。基督教青年会在"三育"实施上很有经验，但主要是社会教育经验，目的在于传教及改造社会，并非实施系统的学校教育。

早在19世纪末，教会已创办三育学校；20世纪初，各地也有不少三育小学堂、三育中学。但是，这些学校规模不大，多属中小学教育，规章制度及整体运作远比不上清华学校，对"三育"的实施也非常浅显，产生的系统影响有限。唐国安是近代首位在学校全面、系统推行"三育"教育的教育家，比张伯苓在南开的实践还要早。清华的德、智、体"三育"以其系统性和创新性，成为各地学校实施"三育"教育的范本，是近代"三育"教育思想发展的实践源泉。因此，唐国安"三育"教育思想的贡献主要在于实践经验而非学术、思想上的意义。

# 小 结

唐国安是教育救国思想的拥护者，强调教育的社会功能。其"三育"的目的是救国，培养德、智、体全面发展，符合国家需要的近代人才。这一点与青年会和教会学校养成基督化人格的目标截然不同。对于中西文化，他采取兼容并包的态度，主张学习西方先进的科学知识，吸收西方文化中合理的部分，同时要保持民族文化的独立性，坚持汉语教学，传承优秀传统文化。此明显有别于许多受国外教育的仁人志士。

唐国安"三育"教育思想，兼顾理论与实践，吸收严复"三育"思想的理论精华，又受到基督教"三育"教育的影响。在实践上，借鉴青年会的做法，并加以改造，形成适合学校教育的系统可行的"三育"教育思想。相比于严复的"三育"，唐国安兼顾理论性和实践性，探索出一套适用于学校教育的"三育"模式；比之青年会和教会学校的宗教取向，唐国安的"三育"以"救国"为世俗目标，重视教授系统的科学文化知识，有别于教会学校将科学知识视为宗教的附庸，不区分世俗知识和宗教知识的做法。唐国安是首位在学校教育系统实施"三育"教育的教育家，是清华"三育"教育和全才教育的开创者及奠基人。清华的德、智、体"三育"以其系统性和创新性，成为各地学校实施"三育"教育的范本，是近代"三育"教育思想发展的重要实践源泉。

# 结　语

　　唐国安14岁出国留学，在美国接受8年教育。这段经历对他的思想和以后的人生轨迹产生了深远的影响。回国后，他对朝廷分派的工作不感兴趣，离开天津总督医学馆，投身实业，辗转于领事馆和洋行，后任职于开平矿务局、京奉铁路、粤汉铁路局、沪宁铁路公司，期间一直受到唐廷枢、陈霭庭等广东人士的帮助。工作之余，他关心国家利权和经济的发展，尤其关注中国铁路的发展，多次通过《南方报》报道路矿事务，声援抵制美货运动，对国家的商业政策、各地商会、博览会也有所关注。他不断积累经验，增长阅历才干。

　　唐国安积极投身政治改革和社会改革。在完成本职工作的同时，他兼任《南方报》英文版主编，向外国人传递中国声音，表达自己的思想。他利用《南方报》宣传政治改革，报道宪政改革进展，传播立宪思想，提出改革意见。他认为社会改革要与政治改革同时进行，借助青年会、寰球中国学生会、天足会等，参与不同领域的社会改良，传播新思想和新观念，包括破除风水迷信、废止缠足、禁烟、提倡体育运动等。在参与社会组织和社会活动的同时，他拓展社交网络，结识上海各行各业的头面人物，积攒宝贵的人脉资源，为以后的工作打下了良好基础。

　　进入外务部后，唐国安参与一系列重要的外交活动，尤其是与美国相关的外交事务，包括欢迎美国陆军部长塔夫特、为袁世凯充当翻译、接待美国舰队、两次作为中国代表参加万国禁烟会等。他利用语言优势、与外国人的友好关系以及多年来对中外国情的了解，出色地完成诸多翻译工作，代表中国与外国进行交涉，维护了中国的国家利益。

唐国安是中国近代重要的教育家，为人所熟知的身份是清华学校首任校长，因此，在考察唐国安的工作经历和社会活动的同时，要注意他作为教育家的表现。这是本书着墨最多的内容。

唐国安受到教育救国思潮的影响，对教育寄予厚望。他对教育的思考，紧扣现实需要和时代潮流，把教育视作立宪的基础，提出了很多教育改革建议。在讨论教育时政的同时，他形成了有自己特色的德、智、体"三育"教育思想。

唐国安"三育"教育思想的形成有一个过程。在美学习期间，他形成重视科学文化教育、道德和体育的感性认识。回国后，在长期的教育实践中，他接触大量西方教育思想，受到基督教青年会、严复的教育思想以及日本兴学思想的影响并有所改革。基督教青年会的"三育"对他的德育思想产生了重要影响，成为他世俗化的"三育"教育思想的实践性源泉之一。与严复不同的是，唐国安"三育"具有更强的实践性，形成了适合在学校教育推广的德、智、体"三育"教育思想。全面接手清华校务后，唐国安在学校推行系统的"三育"教育，奠定了清华"三育"教育和全才教育的基础，并有所发展。在"三育"思想结构中，德、智、体相互联系，密不可分，有主有辅：德育为三育之首，体育是基础，智育是教育功能的集中体现。在德育实施上，强调教师的言传身教和道德的"知行合一"；在智育上，既注重教育内容，又注重教育方法，鼓励学生通过课外活动发展综合素质；在体育上，以柔软体操、强迫运动以及体育比赛三种方式普及体育。总的来说，唐国安的"三育"教育思想兼具理论性和实践性，有很强的可操作性。这是他对近代教育的主要贡献。清末民初，"三育"教育思想已经成为教育界的共识，但是，对于如何在学校教育中实施"三育"却缺少讨论和实践。唐国安是近代首位在高等学校教育全面、系统推行"三育"教育的教育家。清华的德、智、体"三育"以其系统性和创新性，成为各地学校实施"三育"教育的范本，成为近代"三育"教育思想发展的重要实践来源，为理解近代"三育"教育思想的发展和实践提供了丰富的历史信息，也为今日批判地吸收其中的合理内核提供了方便和可能。

作为教育救国思想的拥护者，唐国安的思想具有很强的时代性，深受国内外局势和思想的影响，始终着眼于"救国"这个大目标。在近代，"救国"绕不开如何处理中西文化这一根本问题。作为深受中西文化影响的教育家，唐国安对中西文化有自己的看法。他超越中体西用和全盘西化的局限，主张兼采中西文化，去芜存菁。他认为，中国不仅要学习西方先进的科学文化知识，还要吸收西方伦理道德中合理的部分，借鉴宗教的元素改造中国道德并有所超越。同时，他强调要保持民族文化的独立性，传承中华优秀传统文化，在吸收西方伦理道德时要根据中国国情加以改造和调适，不能喧宾夺主。为了保持民族的独立性，在引进西方知识文化的同时，要坚持汉语教学和民族文化教育，掌握教育主导权。面对中国幅员辽阔，方言众多的事实，他主张通过公立学校强制使用官话教学的方式统一语言，增强民族凝聚力。唐国安的这些思想在当时难能可贵，在今天仍有不可忽视的现实意义。

# 征引文献

## 一、原始资料

### 1. 档案、日记

顾良飞主编：《清华大学档案精品集》，北京：清华大学出版社，2011年。

广西师范大学出版社编：《中美往来照会集（1846—1931）》，桂林：广西师范大学出版社，2006年。

李国荣主编，中国第一历史档案馆编：《晚清国际会议档案》，扬州：广陵书社，2008年。

中国第一历史档案馆、北京大学、澳大利亚拉筹伯大学编：《清代外务部中外关系档案史料丛编——中美关系卷》，北京：中华书局，2017年。

财政科学研究所、中国第二历史档案馆编：《民国外债档案史料》第4卷，北京：中国档案出版社，1992年。

上海图书馆编：《盛宣怀档案选编》，上海：上海古籍出版社，2014年。

故宫博物院明清档案部编：《清末筹备立宪档案史料》，北京：中华书局，1979年。

故宫博物院编印：《清光绪朝中日交涉史料》，1932年。

中国第二历史档案馆整理编辑：《政府公报》，上海：上海书店，1988年，影印版。

李圭：《环游地球新录》，钟叔河校点，钟叔河主编：《走向世界丛书》第1辑第6册，长沙：岳麓书社，1985年。

祁兆熙：《游美洲日记》，任光亮整理标点，钟叔河主编：《走向世界丛书》第1辑第1册，长沙：岳麓书社，1985年。

吴宓：《吴宓日记》，吴学昭整理注释，北京：生活·读书·新知三联书店，1998年。

颜惠庆：《颜惠庆日记》，上海市档案馆译，北京：中国档案出版社，1996年。

**2．报纸、期刊、杂志、专书、资料汇编、文集**

《南方报》（South China Daily Journal）

North-China Daily News

The North-China Herald and Supreme Court and Consular Gazette

The Students of Tsing Hua College, The Tsing Hua Annual 1914, Peking, 1914.

《申报》

《清华周刊》

《大公报》

《东方杂志》

中韩基督教青年会总委办发行刊物《青年》

《北洋学报》

《大同报》

《国立清华大学廿周年纪念刊》，北京：国立清华大学出版社，1931年。

寰球中国学生会会报《寰球中国学生报》

《联合日报》

《教育杂志》

圣约翰大学校刊《约翰声》

《时报》

《顺天时报》

《天足会报》

《通问报：耶稣教家庭新闻》

《月报》

张元济主编：《外交报汇编》（影印版），北京：国家图书馆出版社，2009年。

郑曦原等编译：《帝国的回忆：〈纽约时报〉晚清观察记》，北京：生活·读书·新知三联书店，2001年。

《中华教育界》

梁启超：《新民说》，北京：商务印书馆，2016年。

《上海中华基督教青年会特刊》，出版者及出版时间不详。

（清）李宝嘉：《南亭四话》，出版者不详，1925年。

《厦门欢迎美舰记念品目》，藏上海图书馆，出版者和出版时间不详。

谢洪赉：《青年会代答》，上海：中国基督教青年会组合，1914年。

毓盈：《述德笔记》第6卷，出版者不详，1921年。

《中华基督教青年会五十周年纪念册：1885—1935》，上海：中华基督教青年会全国协会出版，1935年。

清华大学校史研究室：《清华大学史料选编》，北京：清华大学出版社，1991年。

陈学恂、田正平编：《中国近代教育史资料汇编·留学教育》，上海：上海教育出版社，1991年。

刘真主编：《留学教育：中国留学教育史料》，台北："国立"编译馆，1980年。

舒新城编：《中国近代教育史资料》，北京：人民教育出版社，1962年。

王彦威、王亮辑编，李育民等点校整理：《清季外交史料》，长沙：湖南师范大学出版社，2015年。

李楚材辑：《帝国主义侵华教育史资料：教会教育》，北京：教育科学出版社，1987年。

路遥主编：《义和团运动文献资料汇编英译文卷》下，济南：山东大学出版社，2012年。

神州编译社年鉴编辑部编：《民国三年世界年鉴》，上海：神州编译社，1914年。

孙哲主编：《春风化雨：百名校友忆清华》，北京：清华大学出版社，2011年。

梁实秋：《还生命以丰盛》，贵阳：贵州人民出版社，2018年。

董鼐总编：《国立清华大学》，台北：南京出版有限公司，1981年。

金富军编：《周诒春文集》，北京：中国言实出版社，2017年。

王杰、宾睦新编：《陈兰彬集》，广州：广东人民出版，2018年。

王栻主编：《严复集》，北京：中华书局，1986年。

**3．回忆录、自传、文史资料、工具书**

容闳：《西学东渐记》，徐凤石、恽铁樵原译，张叔方补译，杨坚校译，韦圣英补校，钟叔河标点，钟叔河主编：《走向世界丛书》第1辑第1册，长沙：岳麓书社，1985年。

陈鹤琴：《我的半生》，上海：华华书店，1947年。

容尚谦：《创办出洋局及官学生历史》，王敏若译，珠海：珠海出版社，2006年。

颜惠庆：《颜惠庆自传：一位民国元老的历史记忆》，吴建雍等译，北京：商务印书馆，2003年。

赵元任：《赵元任早年自传》，长沙：岳麓书社，2017年。

罗惠侨：《庚款第一批派遣留美学生的简况》，中国人民政治协商会议浙江省委员会文史资料研究委员会编印：《浙江文史资料选辑》第5辑，1963年。

清华大学校史编写组整理：《清华大学的前身——清华学校》，中国人民政治协商会议全国委员会文史资料研究委员会编：《文史资料选辑》第71辑，北京：中华书局，1980年。

王造时：《清华学风和我》，中国人民政治协商会议全国委员会文史资料研究委员会编：《文史资料选辑》第106辑，北京：中国文史资料出版社，1986年。

贾树枚主编、《上海新闻志》编纂委员会编：《上海新闻志》，上海：上海社会科学院出版社，2000年。

李峰、汤钰林编：《苏州历代人物大辞典》，上海：上海辞书出版社，2016年。

林昌建主编：《浙江民国人物大辞典》，杭州：浙江大学出版社，2013年。

魏桥主编、浙江省人物志编纂委员会编：《浙江省人物志》，杭州：浙江人民出版，2005年。

郑天挺等主编、翁独健等副主编：《中国历史大辞典·上卷》，上海：上海辞书出版社，2000年。

周川主编：《中国近现代高等教育人物辞典》，福州：福建教育出版社，2018年。

### 三、研究论著

#### 1．著作、研究集

唐绍明：《清华校长唐国安：一位早期留美学生的报国之路》，北京：清华大学出版社，2016年。

苏云峰：《从清华学堂到清华大学1911—1929：近代中国高等教育研究》，北京：生活·读书·新知三联书店，2001年。

清华大学校史编写组编：《清华大学校史稿》，北京：中华书局，1981年。

陈学恂、田正平主编：《中国教育史研究·近代分卷》，上海：华东师范大学出版社，2001年。

崔运武：《严复教育思想研究》，沈阳：辽宁教育出版社，1993年。

陈汉才：《容闳的留学教育推动了中国近代化进程》，吴文莱主编：《容闳与留美幼童研究·容闳与中国近代化》，珠海：珠海出版社，2006年。

侯宜杰：《二十世纪初中国政治改革风潮：清末立宪运动史》，北京：

中国人民大学出版社，2011年。

　　侯宜杰：《袁世凯传》，北京：群众出版社，2016年。

　　胡卫清：《普遍主义的挑战——近代中国基督教教育研究（1877—1927）》，上海：上海人民出版社，2000年。

　　黄贤强：《1905年抵制美货运动：中国城市抗争的研究》，高俊译，上海：上海辞书出版社，2010年。

　　姜鸣：《秋风宝剑孤臣泪：晚晴的政局和人物续编》，北京：生活·读书·新知三联书店，2015年。

　　雷通群：《西洋教育通史》，北京：东方出版社，2007年。

　　李爱丽：《晚清美籍税务司研究：以粤海关为中心》，天津：天津古籍出版社，2005年。

　　李克欣主编：《中国留学生在上海》，上海：东方出版中心，2013年。

　　刘本旺编：《参政、议政故事别裁集》，太原：山西人民出版社，2018年。

　　刘粤声主编：《香港基督教会史》，香港：香港浸信教会出版，1996年。

　　皮后锋：《严复大传》，福建：福建人民出版社，2003年。

　　舒新城：《近代中国留学史》，上海：上海书店出版社，2011年。

　　唐希：《话说福州老照片》，福州：海风出版社，2010年。

　　汪敬虞：《唐廷枢研究》，北京：中国社会科学出版社，1983年。

　　王冠华：《寻求正义：1905—1906年的抵制美货运动》，刘甜甜译，南京：江苏人民出版社，2007年。

　　王绳祖主编：《国际关系史》，北京：世界知识出版社，1996年。

　　徐宁：《江南女校与江南社会：1850—1937年》，上海：上海人民出版社，2015年。

　　张明编：《外国人拍摄的中国影像：1844—1949》，北京：中国摄影出版社，2018年。

　　朱卫斌：《西奥多·罗斯福与中国：对华"门户开放"政策的困境》，

天津：天津古籍出版社，2005年。

卓新平：《当代西方新教神学》，上海：上海三联书店，1998年。

秦方：《基督教与性别双重视域中的天津天足会》，侯杰主编：《基督教与中国社会文化》，北京：宗教文化出版社，2018年。

屈春海：《1908年美国舰队首次正式访华》，冯伯群、屈春海主编：《清宫档案探秘》，武汉：华中科技大学出版社，2018年。

唐绍明：《唐国安是唐廷枢之子吗——有关珠海唐氏的三则史实》，珠海容闳与留美幼童研究会主编：《容闳与科教兴国·纪念容闳毕业于美国耶鲁大学一百五十周年论文集》，珠海：珠海出版社，2006年。

王开峰：《变化历史中的寰球中国学生会》，中国留学人员联谊会、欧美同学会编：《留学人员与辛亥革命》，北京：华文出版社，2012年。

吴蕴瑞：《三十五年来中国之体育》，商务印书馆编：《最近三十五年之中国教育》，《民国丛书》第2编第45册，上海：商务印书馆，1931年，影印版。

## 2．论文

戴海斌：《也说1908年美国大白舰队访问厦门——为马幼垣先生补充》，《史林》，2013年第6期。

李俊领：《清末文庙祀典升格与人心失控》，《史学月刊》，2012年第5期。

熊月之：《待客之道：从外事活动看近代上海华界与租界关系》，《学术月刊》，2004年第7期。

周棉：《香山地区早期留学运动对近代中国社会发展的影响》，《东南大学学报（哲学社会科学版）》，2010年第12卷第6期。

闻文：《政局、派系与制度：首届庚款留美学生选派过程中的保守与激进之争》，《历史教学问题》，2017年第5期。